Einfach Englisch

Die Sprachfibel
für Weltenbummler

Einleitung

Dieses Buch ist einzigartig. Es ist zwar für Erwachsene geschrieben, die nie Englisch gelernt haben, aber auch Wiedereinsteiger und sogar Englischprofis werden eine ganze Menge lernen. Warum?

Je nachdem, wann und wo Sie Englisch gelernt haben, sind Sie nicht mehr ganz auf dem Laufenden. Besonders wenn Sie in den 1970er Jahren oder davor Ihren Schulabschluss hatten, haben Sie viele Regeln gelernt, aber nicht sehr viel gesprochen. Doch nicht nur das.

In den letzten 10 oder 20 Jahren hat sich die Sprache weiterentwickelt. Ich muss immer laut lachen, wenn ich Lehrbücher aus den 1950er, 1960er und 1970er Jahren in die Hände bekomme, denn so spricht heute kein Mensch mehr!

Nicht nur die Sprache hat sich weiterentwickelt. Auch die Umgangsformen sind anders. In den letzten Jahren ist die ganze Welt näher zusammengerückt und damit haben sich die zwischenmenschlichen Beziehungen geändert. Das habe ich alles in diesem Buch für Sie berücksichtigt.

Sie lernen in diesem Lehrbuch eine Menge Vokabeln und nützliche Sätze (useful phrases), die Sie in vielen Situationen, besonders auf Reisen, einsetzen können. Zum

Beispiel werden Sie erfahren, wie man sich begrüßt, wie Sie zum Small-Talk-Profi werden, und wie Sie im Notfall Hilfe holen.

Aber Sie lernen viel mehr als nur Sprache. Sie erfahren auch vieles über andere Gebräuche und Sitten. So werden Sie sich in einem englischen oder irischen Pub oder in einer amerikanischen Bar richtig benehmen können.

Außerdem zeige ich Ihnen, wie Sie von Anfang an viele Fettnäpfchen vermeiden, die einer reibungslosen interkulturellen Kommunikation oftmals im Wege stehen.

So benutzen Sie dieses Lehrbuch

Der Aufbau dieses Buches ist sehr einfach, da sich die ersten sechs Lektionen aufeinander beziehen. Lesen Sie sie am besten hintereinander. Danach können Sie im Buch stöbern und das herauspicken, was für Sie gerade wichtig ist.

Ich wünsche Ihnen viel Spaß beim Englischlernen und Wiederauffrischen!

With my very best regards

Jean Lennox-Krause

Die Autorin

Jean Lennox-Krause stammt aus Manchester, England. Nach dem Abitur kam sie mit einer Jugendgruppe für sechs Monate nach Deutschland und blieb. Sie hat schnell Deutsch gelernt und in Köln Anglistik, Germanistik und Pädagogik studiert.

Sie hat unter anderem als Chefsekretärin, Journalistin und Lehrerin gearbeitet und nebenberuflich Gesang und Kunst studiert. Jetzt, wo die Kinder aus dem Haus sind, konzentriert sie sich hauptsächlich auf den Unterricht mit Erwachsenen. Denn Sie glaubt fest: „Wir sind nie zu alt, Neues zu lernen. Lernen macht Spaß und hält uns geistig fit!“

Zeichenerklärung

Experten-Tipp

Grammatik

Interkulturelles

Lerntipp

Podcast

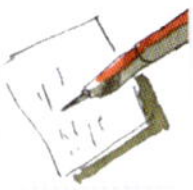
Aufgabe

Wahre Geschichte

Wortschatz

Lektion 1

5 Gründe, warum Englisch am Anfang ganz leicht ist

Das lernen Sie in dieser Lektion

- Sie können schon so viel
- Es gibt kein *der, die und das*
- Es gibt nur zwei Fälle
- Es gibt keine männlichen und weiblichen Berufe
- Es gibt kein *du* und *Sie*

5 Gründe, warum Englisch am Anfang ganz leicht ist

Schön, dass Sie Englisch lernen oder wieder auffrischen wollen. Hier sind Sie auf jeden Fall richtig. Sie lernen auf übersichtliche, interessante und einfache Weise die Grundlagen der englischen Sprache. Mit denen kommen Sie in den wichtigsten Situationen klar, vor allem wenn Sie im Ausland unterwegs sind. Und Sie lernen nicht nur die Sprache, sondern bekommen dazu einen wichtigen Einblick in fremde Kulturen, sodass Sie souverän schwierige oder fremde Situationen meistern.

Bevor Sie die ersten „useful phrases“ (nützliche Sätze), interkulturellen Tipps und das Experten-Wissen lernen, zeige ich Ihnen als kleine Ermutigung fünf Gründe auf, warum Englisch am Anfang so leicht ist.

Der 1. Grund, warum Englisch am Anfang so leicht ist: Sie können schon ganz schön viel!

Deutsch und Englisch sind verwandte Sprachen und es gibt eine ganze Menge Wörter, die in beiden Sprachen genau die gleiche Bedeutung haben. Nur die Aussprache ist oft anders, und es gibt kleine Unterschiede in Groß- und Kleinschreibung.

Hier sind einige dieser einfachen Wörter. Lesen Sie die Listen, achten Sie auf die unterschiedliche Groß- und Kleinschreibung (Hauptwörter werden großgeschrieben) und nutzen Sie den Podcast, um die unterschiedliche Aussprache zu hören.

English	Deutsch
alarm	*Alarm*
alternative	*Alternative*
aquarium	*Aquarium*
baby	*Baby*
bank	*Bank*
butter	*Butter*
bus	*Bus*

Lektion 1

English	Deutsch
code	*Code*
cousin	*Cousin*
dessert	*Dessert*
experiment	*Experiment*
extra	*Extra*
fair	*fair*
fan	*Fan*
finger	*Finger*
gas	*Gas*
gold	*Gold*
hotel	*Hotel*
hand	*Hand*
hunger	*Hunger*
ideal	*ideal*
instrument	*Instrument*
jeans	*Jeans*
kindergarten	*Kindergarten*
kitsch	*Kitsch*
material	*Material*
minus	*minus*
name	*Name*

English	Deutsch
orange	*Orange*
partner	*Partner*
person	*Person*
pilot	*Pilot*
pony	*Pony*
radio	*Radio*
ring	*Ring*
rose	*Rose*
rucksack	*Rucksack*
sofa	*Sofa*
team	*Team*
toast	*Toast*
uniform	*Uniform*
vase	*Vase*
video	*Video*
volleyball	*Volleyball*
winter	*Winter*
yoga	*Yoga*

Hier sind noch einige andere Vokabeln, die auf Englisch und Deutsch sehr ähnlich sind:

Englisch	Deutsch
book	*Buch*
bread	*Brot*
cat	*Katze*
fire	*Feuer*
hat	*Hut*
house	*Haus*
mat	*Matte*
moon	*Mond*
mouse	*Maus*
paper	*Papier*
pepper	*Pfeffer*
rat	*Ratte*
salt	*Salz*
shoe	*Schuh*
sock	*Socke*
star	*Stern*
sugar	*Zucker*
sun	*Sonne*
water	*Wasser*

Der 2. Grund, warum Englisch am Anfang so leicht ist: Es gibt in der englichen Sprache kein *der, die, das*

Deutsch ist als Fremdsprache gerade am Anfang ganz schön schwer. Ich erinnere mich sehr gut daran, wie ich damit kämpfte, männlich, weiblich und sächlich auseinanderzuhalten. Warum heißt es *das Bein* aber *der Fuß*? Warum *ein Arm* aber *eine Hand*? Und so weiter ... Das hat mich am Anfang wahnsinnig gemacht! In der englischen Sprache haben wir das alles gar nicht! Alles ist the oder a bzw. an.

Hier können Sie vergleichen:

Bestimmter Artikel	
der Mann	*the man*
die Frau	*the woman*
das Kind	*the child*
ein Apfel	*an apple*
eine Birne	*a pear*

Der 3. Grund, warum Englisch am Anfang so leicht ist: Englisch hat nur zwei „Fälle“ – und die sind ganz einfach

Im Deutschen gibt es vier Fälle – Nominativ, Akkusativ, Genitiv und Dativ. Das ist am Anfang ganz schwer zu verstehen. Englisch hat nur zwei Fälle: Nominativ und Genitiv. Das macht alles viel übersichtlicher. Sehen Sie selbst:

	Deutsch	Englisch
Nominativ	*der Mann, die Frau, das Kind*	the man, the woman, the child
Akkusativ	*den Mann, die Frau, das Kind*	
Dativ	*dem Mann, der Frau, dem Kind*	
Genetiv	*des Mannes, der Frau, des Kindes*	the man's, the woman's, the child's

Der 4. Grund, warum Englisch am Anfang so leicht ist: Es gibt keine „männlichen“ und „weiblichen“ Berufe

Ein weiterer wichtiger Unterschied ist, dass es keine männlichen und weiblichen Formen von Berufen gibt. *Lehrer* und *Lehrerin* sind beide teacher. *Arzt* und Ärztin sind beide doctor.

Vergleichen Sie und sehen Sie selbst,
wie einfach das ist:

Deutsch	Englisch
der Arzt *die Ärztin*	the doctor
die Ärzte *die Ärztinnen*	the doctors
der Lehrer *die Lehrerin*	the teacher
die Lehrer *die Lehrerinnen*	the teachers

Der 5. Grund, warum Englisch am Anfang so leicht ist: Es gibt kein *du* und *Sie*

Im Deutschen gibt die Unterscheidung zwischen du und Sie. Im Englischen ist das alles you. Das macht es gerade am Anfang leicht, sich mit anderen Menschen entspannt zu unterhalten. Außerdem gibt es dadurch weniger Verbformen *(du bist, Sie sind, ihr seid = you are).*

All das macht die Sprache gerade am Anfang leicht. Sie können sich bereits nach kürzester Zeit verständigen.

Lektion 2

How are you?

Das lernen Sie in dieser Lektion

Nützliche Sätze

- So stellen Sie sich vor
- Länder der Erde auf Englisch
- Nationalitäten

Experten-Tipp
- So reagieren Sie gekonnt auf das allgegenwärtige How are you?
- Ob Australien, USA, UK oder Indien: Das werden Sie bei der Einreise hören und so reagieren Sie richtig

Interkulturelles
- Warum Amerikaner Ihren Vornamen so oft benutzen
- Händeschütteln – übertreiben Sie nicht!

Grammatik
- Das Verb to be (*sein*)
- Das Pronomen from (*aus*)
- Fragen stellen mit to be
- Personalpronomen my, your (*mein, dein*)

Das erste, was Sie wissen müssen, ist, wie Sie sich auf Englisch vorstellen. Wenn Sie absolut sichergehen wollen, dass Sie nichts falsch machen, dann sagen Sie einfach

Hello, I'm Dagmar.	*Guten Tag, ich bin Dagmar.*
Hi, my name's Bernd.	*Hallo, mein Name ist Bernd.*

Etwas förmlicher geht es hiermit:

Good morning.	*Guten Morgen.*
Good afternoon.	*Guten Tag.*
Good evening.	*Guten Abend.*

Es gibt auch noch solche Begrüßungen, die typisch unter Freunden und guten Bekannten sind:

Hi how's it going?	*Hey, wie geht´s?*
Hey what's up?	*Na? Wie sieht's aus?*

Finden Sie diese Begrüßungen zu salopp? Kein Problem! Sie brauchen sie nicht zu benutzen. Aber Sie sollten nicht beleidigt sein, wenn Sie so angesprochen werden. Nehmen Sie es vielmehr als Zeichen der Anerkennung und Vertrautheit an.

EXPERTEN-TIPP

So reagieren Sie gekonnt auf das allgegenwärtige How are you?

Besonders in den USA hören Sie sehr oft How are you?, wenn Menschen sich begegnen. Sie werden das zum Beispiel hören, wenn Sie einen Laden betreten oder an der Kasse im Supermarkt stehen.

Was antworten Sie, wenn Sie das hören? Es ist ganz leicht. Sie müssen nur kurz (Fine) oder gar nicht darauf reagieren. Oder Sie sagen einfach ebenfalls How are you?

Mit anderen Worten: How are you? ist eine Standardbegrüßung, die nicht viel mehr als „Guten Tag“ bedeutet. Also, nicht zu ernst nehmen. Und fangen Sie gar nicht an, über Ihren Jetlag, Schnupfen oder schlechte Laune zu reden!

GRAMMATIK

Mit den Useful Phrases, die Sie in dieser Lektion gelernt haben, haben Sie bereits, ohne es zu bemerken, die folgende Grammatik benutzt. Sie sehen: Es ist gar nicht so schwer!

Das Verb to be *(sein)*

Kurzform	Langform	Deutsch
I'm	I am	*ich bin*
you're	you are	*du bist/Sie sind*
he's	he is	*er ist*
she's	she is	*sie ist*
it's	it is	*es ist*
we're	we are	*wir sind*
you're	you are	*ihr seid*
they're	they are	*sie sind*

Fragen stellen

am I?	*bin ich?*
are you?	*bist du/sind Sie/sind sie/seid ihr?*
is he?	*ist er?*
is she?	*ist sie?*
is it?	*ist es?*
are we?	*sind wir?*
are they?	*sind sie?* (Mehrzahl)

Personalpronomen benutzen

my	*mein (und alle Formen wie meine, meins etc.)*
your	*dein/Ihr (und alle Formen wie deine, deinen, Ihre, Ihren etc.)*

EXPERTEN-TIPP

Ob Australien, USA, UK oder Indien: Das werden Sie bei der Einreise hören und so reagieren Sie richtig

Es gibt eine Regel, die auf alle Länder zutrifft: Machen Sie keine Witze bei der Einreise! Die Männer und Frauen, die Ihren Pass oder Ihr Visa kontrollieren, haben viel Macht. Besonders in den USA üben sie diese Macht gern aus. Wer Witze macht, zum Beispiel I don't have any bombs with me, riskiert wieder in den Flieger Richtung Heimat geschickt zu werden.

Also – machen Sie genau das, was die Beamten von Ihnen verlangen. Nicht mehr und nicht weniger.

Sie werden Sätze wie diese hören:

Englisch	Deutsch
Please step this way.	*Kommen Sie bitte mit.*
I need you to step over here.	*Bitte kommen Sie hierher.*

Englisch	Deutsch
I need you to look into this.	*Bitte hier hineinschauen. (Wegen der biometrischen Daten)*
Please put your fingers here.	*Bitte die Finger hierhin legen. (Fingerabdrücke werden genommen)*
What's the reason for your visit?	*Was ist der Grund Ihrer Reise?*
How long are you staying?	*Wie lange werden Sie bleiben?*
Did you pack your luggage yourself?	*Haben Sie Ihre Koffer eigenhändig gepackt?*
Do you have any gifts for other people with you?	*Führen Sie irgendwelche Geschenke für andere Leute mit?*
Do you have any food with you?	*Führen Sie Lebensmittel mit sich?*

Übung 1

Hören Sie die Aufnahme zu Übung 1. Was wird von Ihnen verlangt? Mögliche Antworten sind: mit jemanden mitgehen, Fingerabdrücke geben, Fragen beantworten etc.

INTERKULTURELLES

Warum Amerikaner Ihren Vornamen so oft benutzen

Wenn Sie sich mit Amerikanern unterhalten, wird es Ihnen sicherlich auffallen, dass sie während des Gesprächs oft Ihren Vornamen sagen. Das ist in den USA üblich. Versuchen Sie es auch. Es ist freundlich und hat auch den Vorteil, dass Sie sich den Namen Ihres Gegenübers besser einprägen.

Übertreiben Sie nicht beim Händeschütteln

In den meisten angelsächsischen Ländern begrüßen sich viele (aber nicht alle) Menschen mit Handschlag nur dann, wenn sie sich kennenlernen oder wenn sie sich lange nicht gesehen haben. Sie werden zwar keinen Fauxpas begehen, wenn Sie das vergessen, aber Sie sollten sich nicht wundern, wenn neue Urlaubsbekannte oder Geschäftsfreunde Sie nicht bei jeder Begegnung mit Handschlag begrüßen.

Bleiben Sie dran

Das Wichtigste beim Sprachenlernen ist, dranzubleiben. Nehmen Sie sich mehrmals in der Woche Zeit, um sich mit der Sprache auseinanderzusetzen. Das könnte zum Beispiel montags bis freitags direkt nach dem Frühstück oder vor dem Mittagessen sein.

Richten Sie sich nach Ihrer eigenen inneren Uhr

Bei den meisten Menschen liegt der Leistungshöhepunkt am Vormittag. Aber das muss nicht unbedingt sein. Viele Menschen sind am Vormittag zu unruhig, um Neues aufzunehmen. Sie können sich in den frühen Abendstunden viel besser konzentrieren.

Wie ist es bei Ihnen? Das können nur Sie wissen, indem Sie sich beobachten, um den für Sie günstigsten Zeitpunkt herauszufinden.

Lektion 3

Where are you from?

Das lernen Sie in dieser Lektion

Wortschatz
- In diesen Ländern wird Englisch oder Deutsch gesprochen
- Verschiedene Nationalitäten auf Englisch
- Wichtige Städte, die anders benannt werden

Grammatik
- Fragen stellen mit dem Fragewort where (*woher, wo*)

Nützliche Sätze

- So fragen Sie, wo jemand herkommt und stellen sich selbst vor
- Einfache Fragen stellen

Interkulturelles

- Where are you from? Auf diese Frage müssen Sie auf jeden Fall vorbereitet sein
- „You can say you to me" oder warum Amerikaner und Engländer nicht alle ‚per Du' sind

Experten-Tipp

- Eine perfekte Aussprache von Anfang an!
- Warum Sie auf How do you do? nicht antworten dürfen

WORTSCHATZ

In diesen Ländern wird Englisch oder Deutsch gesprochen

Hier ist eine Übersicht einiger wichtiger Länder, in denen Englisch oder Deutsch gesprochen wird. Diese Vokabeln helfen Ihnen, wenn Sie sich mit anderen Reisenden über Herkunft und Reiseziele unterhalten.

Land		Nationalität
United Kingdom (UK)	*Großbritannien*	British
Ireland	*Irland*	Irish
USA, United States, US	*USA*	American
Australia	*Australien*	Australian
Canada	*Kanada*	Canadian
South Africa	*Südafrika*	South African
India	*Indien*	Indian
Germany	*Deutschland*	German
Switzerland	*Schweiz*	Swiss
Austria	*Österreich*	Austrian
Scotland	*Schottland*	Scottish*

* Vorsicht – verwechseln Sie nicht Scottish mit Scotch. Scotch ist ein Getränk (*schottischer Whisky*)!

Wichtige Städte, die anders benannt werden

München	Munich
Köln	Cologne
Wien	Vienna
Zürich	Zurich

GRAMMATIK

- Fragen stellen mit dem Fragewort where (*woher, wo*)

NÜTZLICHE SÄTZE

Where are you from?	Woher kommen Sie?
I'm from.	Ich komme aus …
Where in …?	Wo in …?
This is …	Das ist …
Nice to meet you.	Schön, Sie kennenzulernen.
Pleased to meet you.	Freut mich, Sie kennenzulernen.
Are you British?	Sind Sie Brite/Britin?

Übung 2

Hier ist ein typisches Gespräch, wie es zwischen einer Touristin aus Deutschland (Margit) und zwei Amerikanern stattfinden könnte. Studieren Sie dieses Gespräch um die wichtigsten Ausdrücke zu lernen, die Sie sofort anwenden können.

Hello, I'm Margit.

Margit Hello, I'm Margit Müller.
Doris Nice to meet you, Margit. My name is Doris, Doris Bern. And where are you from, Margit?
Margit I'm from Germany.
Doris Where in Germany, Margit?
Margit Berlin. And where are you from, Doris?
Doris I'm from Walnut Creek. That's near San Francisco.
Doris This is my husband, Alan.
Margit Pleased to meet you, Alan.
Alan Hello, Margit. Nice to meet you. Are you British, Margit?
Margit No, I'm not. I'm German. I'm from Berlin.

INTERKULTURELLES

You can say you to me

Besonders Amerikaner gebrauchen sehr oft und sehr schnell Vornamen. Das gilt sowohl privat als auch im Geschäftsleben. Es bedeutet aber nicht, dass sie alle befreundet oder ‚per Du' sind.

Das englische you klingt zwar wie das deutsche *du*, aber sprachhistorisch gesehen entspricht es dem deutschen *Sie*. Mit anderen Worten, wir benutzen Vornamen aber Siezen uns alle.

Die Unterscheidung zwischen *du* und *Sie* existiert noch vereinzelt. Wir finden es noch in der Bibel und im Gebet. Zum Beispiel ist das fünfte der zehn Gebote: *Thou* shalt not kill (*Du* sollst nicht töten).

Wenn Sie im Urlaub in der Kirche waren, haben Sie sicherlich Our father who art in heaven, hallowed be *thy* name gehört (*Vater unser im Himmel, geheiligt werde dein Name*).

Wenn Sie in der Schule Shakespeare gelesen haben, ist Ihnen vielleicht Shall I compare *thee* to a summer's day? (*Soll ich dich mit einem Sommertag vergleichen*?) in Erinnerung geblieben.

Oder Julias berühmte Frage Romeo, Romeo, wherefore art *thou*, Romeo? (*Romeo, Romeo, wo bist du Romeo*?).

EXPERTEN-TIPP

Warum Sie auf How do you do? nicht antworten dürfen

Sie haben vielleicht schon einmal How do you do? gehört. How do you do? ist eine sehr förmliche Begrüßung. Ich rate Ihnen, sie nicht zu benutzen. Es kann aber sein, dass Sie es hören. Daher müssen Sie wissen, wie Sie darauf reagieren.

How do you do? klingt wie eine Frage, ist es aber nicht. Es bedeutet ganz einfach *„Guten Tag"* oder *„Ich grüße Sie"* oder *„Herzlich willkommen"*, und Sie dürfen keinesfalls mit Fine, thanks oder ähnlich reagieren.

Sagen Sie am besten Pleased to meet you. Damit machen Sie immer einen sehr professionellen Eindruck.

WAHRE GESCHICHTE

Warum ich Frau Kalb nie vergessen werde

Als ich mit 18 Jahren nach Deutschland kam, um in einem Kinderheim ein Praktikum zu absolvieren, sprach ich so gut wie kein Deutsch.

Da die Kinder kein Englisch sprachen, habe ich die Sprache sehr schnell gelernt. Ich war stolz auf die Fortschritte, die ich gemacht hatte, bis etwas Peinliches passierte!

Eines Tages erzählte mir die Heimleiterin, dass eine sehr wichtige aber auch schwierige Person uns besuchen würde. Ich war ein wenig nervös und wollte einen guten Eindruck machen.

Die Dame kam. Sie wirkte sehr streng und kalt. Sie schaute sich alles an, ohne auch nur einmal zu lächeln. Dann entdeckte sie mich. Ohne Vorwarnung, kam sie auf mich zu, streckte die Hand aus und sagte: „Guten Tag, Kalb."

Was sollte das bedeuten, fragte ich mich. Ich kannte „Guten Morgen", „Guten Tag", „Guten Abend" und auch „Gute Nacht." Aber ich hatte noch nie „Guten Tag, Kalb" gehört.

„Na, gut“, dachte ich. Das sagen sie hier wahrscheinlich um 14:30 Uhr. Also schaute ich sie lächelnd an, streckte ebenfalls meine Hand aus und antwortete, „Guten Tag, Kalb.“

Sie sah mich erstaunt an. Die Heimleiterin versuchte, Frau Kalb zu beruhigen, aber sie war, wie gesagt, schwierig, und nun auch beleidigt.

Ich habe Frau Kalb nie vergessen. Aber ich habe auch gelernt, dass man sich in Deutschland oft mit dem Nachnamen vorstellt.

Das machen wir nicht so. Wir stellen uns mit unserem Vornamen oder mit unserem kompletten Namen vor. Zum Beispiel so:

- Hello. I'm Anja Kalb.
- Hi. My name is Anja. Anja Kalb.

Denken Sie daran, wenn Sie sich vorstellen. Sagen Sie nicht „Hello, Schmidt“, denn niemand wird Sie verstehen.

Where are you from? Auf diese Frage müssen Sie auf jeden Fall vorbereitet sein

In den USA stammen 46 Millionen Menschen, also ca. 23 % der Bevölkerung, von Deutschen ab. Wundern Sie sich also nicht, wenn Sie ständig gefragt werden, woher Sie stammen. Die Leute sind meistens freundlich interessiert und erzählen dann von einem Onkel (uncle), einer Oma (grandma) oder einem Opa (granddad), die aus Deutschland stammen.

Viele Menschen, die Sie unterwegs treffen werden, werden ungefähr wissen, wo Bayern liegt. Sie werden vielleicht sogar in München (Munich) gewesen sein. Auch Köln (Cologne) ist relativ bekannt.

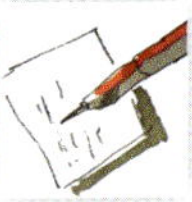

Übung 3

Vervollständigen Sie bitte diese Sätze:

1. Where ________ you from? (*Woher kommst du*?)

2. ________ in Germany? (*Wo in Deutschland*?)

3. ________ name is Johannes. (*Mein Name is Johannes.*)

4. ______ ______ Frankfurt. (*Ich komme aus Frankfurt.*)

5. I'm ____ from Munich. (*Ich komme nicht aus München.*)

Die Lösungen zu den Übungen finden Sie auf der Seite 207.

Übung 4

Was sagen Sie?

Sie hören	**Sie sagen**
1. Where are you from?	____________________
2. How are you?	____________________
3. How do you do?	____________________

Die Lösungen zu den Übungen finden Sie auf der Seite 207.

LERNTIPP

Trainieren Sie Ihre Ohren

Hören Sie, so oft Sie können, dem Englisch von Muttersprachlern zu, und zwar im Originaltempo. Zum Beispiel haben die meisten Nachrichtenportale kostenlose Videos.

Oder Sie hören Radio – beispielsweise Radio BBC (http://www.bbc.co.uk/radio) für britisches Englisch oder NPR (www.npr.org) für die amerikanische Aussprache. Sie werden wahrscheinlich nur einen Bruchteil von dem verstehen, was Sie hören. Aber das ist nicht schlimm. Es geht gar nicht um das Verstehen, sondern darum, sich an Aussprache, Satzstruktur und Satzrhythmus zu gewöhnen.

EXPERTEN-TIPP

Eine perfekte Aussprache von Anfang an – wichtig, wenn Sie von Anfang an weniger Deutsch klingen wollen

Sie werden von Anfang an mit Ihrer Aussprache Eindruck machen, wenn Sie auf diese Kleinigkeit achten, die oft im Sprachunterricht übersehen wird.

Es geht um das kleine Wort from wie in dem Satz I'm from Germany (Ich komme aus Deutschland). Das Wort darf nicht wie das deutsche Wort *„fromm"* klingen. Das „o" muss wie das „e" in dem deutschen Wort *„bitte"* klingen – also sehr schwach.

Berühren Sie mit den Vorderzähnen Ihre Unterlippe und atmen Sie durch den Mund aus. Sie hören automatisch das „f". Sprechen Sie dann das „o" wie das „e" in *„Bitte"*, gefolgt von einem „m". Wenn Sie das ein paar Mal üben, werden Sie einfach gut klingen!

Lektion 4

Vater, Mutter, Tochter, Sohn – So reden Sie über Ihre Familie

Das lernen Sie in dieser Lektion

Nützliche Sätze
- Wie Sie über Ihren Familienstand reden

Grammatik
- Das Verb *to have (haben)*
- Die regelmäßigen Verben
- Das Pronomen *in*
- Wie Sie *a* und *an* benutzen
- Aus Einzahl wird Mehrzahl – die Pluralbildung

Wortschatz
- Mutter, Vater, Tochter, Sohn
- Verlobt, verheiratet, geschieden

Experten-Tipp
- Kein Mensch interessiert sich für perfekte Grammatik, aber jeder freut sich über ein Gespräch

Interkulturelles
- Warum die Briten und Amerikaner so viele Freunde haben

- Manches klingt für Sie vielleicht etwas überzogen – es ist aber ganz normal.

Wahre Geschichte

- Ein Beispiel von Begeisterung!

Mutter, Vater, Tochter, Sohn – So reden Sie über Ihre Familie

Hier ist eine alphabetische Liste der wichtigsten Vokabeln, die Sie benötigen, um über Ihre Familie und Ihren Familienstand zu reden. Sie finden die Liste als Podcast unter Familie und Familienstatus:

Familie und Familienstatus

adoptiert	adopted
angeheiratete Verwandte	in-law
Bruder	brother
Cousin/Cousine	cousin
Einzelkind	only child
Eltern	parents
Enkelkinder	grandchildren
Enkelsohn	grandson
Enkeltochter	granddaughter
Exfrau	ex wife
Exmann	ex husband
Freund (Partner)	boyfriend
Freundin (Partnerin)	girlfriend
geschieden	divorced
Geschwister	siblings, brothers and sisters
getrennt lebend	separated
in einer Beziehung	in a relationship
Lebensgefährte, -in	partner
Neffe	nephew
Nichte	niece
Onkel	uncle
Pate	godfather
Patenkind	godchild

Familie und Familienstatus	
Patensohn	godson
Patentochter	goddaughter
Patin	godmother
Pflegeeltern	foster parents
Schwager	brother-in-law
Schwester	sister
Schwiegereltern	parents-in-law
Schwiegervater	father-in-law
Schwiegermutter	mother-in-law
Stieftochter	stepdaughter
Tante	aunt
unverheiratet	single
verheiratet	married
verlobt	engaged
verwitwet	widowed
Witwe	widow
Witwer	widower

GRAMMATIK

In dieser Lektion benutzen Sie diese Grammatik:

Das Verb to have *(haben)*

I/you/we/they	have	*ich habe, du hast, Sie haben, wir haben, sie haben*
he/she/it	has	*er/sie/es hat*

I have two children.	*Ich habe zwei Kinder.*
You have a sister.	*Du hast eine Schwester.*
He has a girlfriend.	*Er hat eine Freundin.*
She has a boyfriend.	*Sie hat einen Freund.*
We have four grandchildren.	*Wir haben vier Enkelkinder.*
They have a son in Canada.	*Sie haben einen Sohn in Kanada.*

Wenn Sie keine Kinder haben, sagen Sie:

I don't have any children.	*Ich habe keine Kinder.*

So stellen Sie Fragen:

Wenn Sie auf Deutsch eine Frage stellen wollen, müssen Umstellungen vorgenommen werden.

Du bist verheiratet.	*Bist du verheiratet?*
Sie haben Kinder.	*Haben Sie Kinder?*
Er hat eine Tochter.	*Hat er eine Tochter?*

Ähnlich machen Sie das mit dem Verb to be (sein):

I am	am I?
you are	are you?
he is	is he?
she is	is she?
it is	is it?
we are	are we?
you are	are you?
they are	are they?

Für alle anderen Verben müssen Sie do oder does und die Grundform des Verbs verwenden. So geht das:

Das Verb to live *(leben, wohnen)*

I live	do I live?
you live	do you live?
he lives	does he live?
she lives	does she live?
it lives	does it live?
we live	do we live?
you live	do you live?
they live	do they live?

Das Verb to have *(haben)*

I have	do I have?
you have	do you have?
he has	does he have?
she has	does she have?
we have	do we have?
you have	do you have?
they have	do they have?

Regelmäßige Verben

to live *(leben, wohnen)*

I/you/we/they	live
he/she/it	lives

to know *(wissen)*

I/you/we/they	know
he/she/it	knows

to work *(arbeiten)*

I/you/we/they	work
he/she/it	works

Hier sind einige Beispiele für Sie:

Englisch	Deutsch
Do I know you?	*Kenne ich Sie?*
Do you live here?	*Leben Sie hier?*
Does she work here?	*Arbeitet sie hier?*
Does he have a sister?	*Hat er eine Schwester?*
Does it matter?	*Ist es von Bedeutung?*
Do we have time?	*Haben wir Zeit?*
Do you want coffee?	*Möchten Sie Kaffee?*
Do they have wifi at this hotel?	*Haben sie in diesem Hotel WLAN?*

Wenn Sie sagen wollen, wem etwas gehört, dann benutzen Sie Possessivpronomen.

my	*mein/meine*
your	*dein/deine/dein – Ihr/Ihre/Ihr*
his	*sein/seine*
her	*ihr/ihre*
its	*sein/seine*
our	*unser/unsere*
your	*ihre/euer/eure*
their	*ihre*

Der unbestimmte Artikel – a und an

- **Sie benutzen a**
  vor Wörtern, die mit einem Konsonanten anfangen (a cat, a dog, a home, a job, a tiger, a zoo). Ausnahme – Manche Wörter, die mit einem ‚u' beginnen, wenn das ‚u' wie ein Konsonant klingt. Zum Beispiel: a university, a uniform. Hier klingt das ‚u' wie ein ‚y'.
- **Sie benutzen an**
  vor Wörtern, die mit einem Vokal (a,e,i,o,u) anfangen (an apple, an elephant, an iPhone, an orange, an uncle). Ausnahme – manche Wörter, die mit ‚h' beginnen, und Wörter, die mit ‚x' beginnen. Beispiel: an hour (*eine Stunde*); an honour (*eine Ehre*). Hier wird das ‚h' gar nicht ausgesprochen. an X-ray (*Röntgenbild*), an Xbox (eine Spielekonsole mit Namen „Xbox").

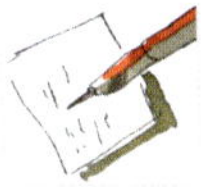

Übung 5

Hier sind einige wichtige Einrichtungen wie Schule, Krankenhaus, Universität. Entscheiden Sie, ob Sie *a* oder *an* davor schreiben. Was gehört hierhin, a oder an?

1. ________ office *(Büro)*
2. ________ school *(Schule)*
3. ________ hospital *(Krankenhaus)*
4. ________ university *(Universität)*
5. ________ townhall *(Rathaus)*

Die Lösungen zu den Übungen finden Sie auf der Seite 207.

Aus Einzahl wird Mehrzahl

Mit wenigen Ausnahmen ist die Bildung der Mehrzahl einfach. Sie hängen einfach *-s* oder *-es* an das Wort. Hier ist eine Übersicht für Sie. Sie brauchen das alles nicht sofort auswendig zu lernen. Sie sollten aber die Regeln im Kopf haben oder aber wissen, wo Sie diese Regeln finden und bei Bedarf nachschlagen können.

Regel Nr. 1

Meistens hängen wir ein -s an den Singular des Substantivs:	
Singular (Einzahl)	**Plural (Mehrzahl)**
one car	two cars
one boy	two boys
one girl	two girls

Regel Nr. 2

Nach einem Zischlaut wie *-x* oder *-ch* hängen wir *-es* an das Wort	
one box	two boxes
one sandwich	two sandwiches

Regel Nr. 3

Nach einem Zischlaut mit einem stummen -e wird ein *-s* eingesetzt

one house	two houses
one garage	two garages

Regel Nr. 4

Wenn das Wort auf *-y* endet, wird das *-y* zu *-i* und es wird *-es* angehängt

a baby	two babies
a city	two cities
a party	two parties

Ausnahme:

Bei dem Wort *penny* gibt es zwei Möglichkeiten:

Die erste Möglichkeit:
pennies – wenn Sie sich auf die einzelnen Münzen beziehen (I have four pennies in my pocket – *Ich habe vier Penny-Münzen in der Tasche.)*

Die zweite Möglichkeit:
pence – wenn Sie sich auf die Gesamtsumme beziehen (Parking costs 80 pence. *Die Parkgebühr beträgt 80 Pence.*)

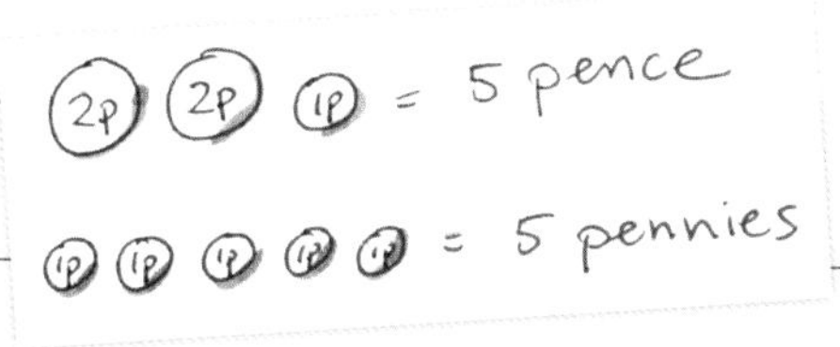

Regel Nr. 5

Wenn das Substantiv auf *-f* oder -fe endet, wird entweder *-s* angehängt oder durch *-ves* ersetzt	
one roof	two roofs
one cliff	two cliffs
one sheriff	two sheriffs
one thief	two thieves
one shelf	two shelves

Regel Nr. 6

Bei Substantiven, die auf *-o* enden, wird entweder *-s* oder *-es* angehängt	
a piano	two pianos
a photo	two photos
a potato	two potatoes
a tomato	two tomatoes

Ausnahmen:

Es gibt Ausnahmen. Hier sind die wichtigsten, damit Sie von Anfang an alles richtig machen:

Deutsch	Singular	Plural
Mann	one man	two men
Frau	one woman	two women
Kind	one child	two children

Maus	one mouse	two mice
Zahn	one tooth	two teeth
Schaf	one sheep	two sheep
Fuß	one foot	two feet

EXPERTEN-TIPP

Kein Mensch interessiert sich für perfekte Grammatik, aber jeder freut sich über ein Gespräch

Wenn Sie auf Reisen sind, ist es wichtig, dass Sie sich mit anderen Reisenden locker unterhalten können. Das ist viel wichtiger als perfekte Grammatik und Rechtschreibung oder ein riesiger Wortschatz. Diese kleine aber feine Übersicht hilft Ihnen.

Über Ihre Familie reden	
I have a son and a daughter.	*Ich habe einen Sohn und eine Tochter.*
I have two daughters and one granddaughter.	*Ich habe zwei Töchter und eine Enkeltochter.*
I have two grandchildren.	*Ich habe zwei Enkelkinder.*
My son lives in Toronto.	*Mein Sohn lebt in Toronto.*
I have twins.	*Ich habe Zwillinge.*
My daughter is married.	*Meine Tochter ist verheiratet.*
I am visiting my godchild.	*Ich besuche mein Patenkind.*
I'm married.	*Ich bin verheiratet.*
I'm divorced.	*Ich bin geschieden.*

So stellen Sie höflich Fragen	
What do you do?	*Was machen Sie beruflich?*
Where are you from?	*Woher kommen Sie?*
Do you have family?	*Haben Sie Familie?*
Are you travelling alone?	*Reisen Sie allein?*
Do you have any hobbies?	*Haben Sie irgendwelche Hobbys?*
How do you like the hotel?	*Wie gefällt Ihnen das Hotel?*

Die Zahlen von 1 bis 1.000.000

Übersicht der Grundzahlen von 1 bis 1.000.000

1	one	11	eleven	2	twenty-one	31	thirty-one
2	two	12	twelve	22	twenty-two	40	forty
3	three	13	thir-teen	23	twenty-three	50	fifty
4	four	14	four-teen	24	twenty-four	60	sixty
5	five	14	fifteen	25	twenty-five	70	sev-enty
6	six	16	six-teen	26	twenty-six	80	eighty
7	seven	17	seven-teen	27	twenty-seven	90	ninety
8	eight	18	eigh-teen	28	twenty-eight	100	a/one hun-dred
9	nine	19	nine-teen	29	twenty-nine	1,000	a/one thou-sand
10	ten	20	twenty	30	thirty	1,000,000	a/one mil-lion

Übung 6

Übersetzen Sie

1. Ich bin verheiratet. ______________________________

2. Wir haben zwei Kinder. ___________________________

3. Ich habe zwei Söhne. _____________________________

4. Wir haben keine Kinder. __________________________

5. Ich bin geschieden. ______________________________

Die Lösungen zu den Übungen finden Sie auf der Seite 207.

Übung 7

Wer ist wer?

Vervollständigen Sie die Sätze 1 bis 10 mit den gegebenen Vokabeln.

aunt cousin father-in-law grandfather/granddad
great-grandfather great-uncle mother-in-law
nephew niece uncle

1. Your mother's sister *(Schwester Ihrer Mutter)* is your ___
   ____

2. Your father's father *(Vater Ihres Vaters)* is your _______

3. Your sister's daughter is your *(Tochter Ihrer Schwester)*
   ____

4. Your uncle's son is your *(Sohn Ihres Onkels)* _________

5. Your brother's son is your *(Sohn Ihres Bruders)* _______
   ____

6. Your grandfather's father is your ________________

7. Your mother's brother is your ____________________

8. Your husband's/wife's mother is your ______________

9. Your husband's/wife's father is your _______________

10. Your grandfather's brother is your ________________

Vervollständigen Sie die Sätze 11 bis 17 mit den gegebenen Vokabeln.

divorced engaged married separated single widow widower

11. Luke is ____________. He doesn't have a girlfriend.

12. Mark is ____________. His wife left him for his best friend.

13. Jill is a ____________. Her husband died last year.

14. Karen is ____________. Her fiancé is Belgian.

15. William is ____________. He's been with his wife for 10 years.

16. Paolo and Clara are ____________. They are still husband and wife, but they don't live together anymore.

17. Bob is a ____________. His wife died last year.

Die Lösungen zu den Übungen finden Sie auf der Seite 207.

INTERKULTURELLES

Warum die Briten und Amerikaner so viele Freunde haben

In der englischen Sprache gibt es keinen Unterschied zwischen Freunden und Bekannten. Man wird also schnell zum friend, auch wenn man sich nicht privat trifft, Sachen zusammen unternimmt oder sich besonders nahesteht.

„That's fantastic!"

Wenn Sie sich mit Briten oder Amerikanern unterhalten, wird es Ihnen bald auffallen, dass sie oft übertrieben begeistert klingen. So sagen sie zum Beispiel really? (*wirklich*?), that's amazing (*das ist erstaunlich*) oder fantastic (*fantastisch*) an Stellen, an denen Sie höchstens „ah" sagen würden. Viele Deutsche finden diese Art der Begeisterung „unecht". Mein Rat: Nehmen Sie es einfach so an, wie es ist, und versuchen Sie selbst, aktiv Interesse zu zeigen.

Hier sind einige Beispiele:

- "My son lives in New York."
- "Really?"
- "My grandchildren are both doctors."
- "Amazing!"
- "My husband and I both play tennis."
- "Fantastic!"

WAHRE GESCHICHTE

Hier ist noch ein Beispiel von Begeisterung

Ich war vor einigen Jahren mit einer Gruppe von FH-Studenten in meiner Heimatstadt Manchester unterwegs. Da ich damals schon lange nicht mehr dort gewesen war und sich vieles verändert hatte, habe ich einige Passanten nach dem Weg gefragt.

„Woher kennen Sie diese ganzen Leute?“, fragte eine Studentin nach einer Weile. „Ich kenne sie gar nicht“, war meine Antwort. „Warum glauben Sie das?“. „Ja, weil sie sich alle so freuen, Sie zu sehen. Ich dachte, das seien irgendwelche alten Freunde“ antwortete sie. Und es stimmte.

Die Menschen waren wirklich sehr gesprächig. Einige wollten fragen, warum ich eine bestimmte Straße suchte. Oder sie gaben Vorschläge, welche Restaurants oder Kneipen in der Nähe gut seien.

Ich liebe solche kleine Begegnungen. Die machen den Alltag ein wenig freundlicher!

Lektion 5

What do you do? So reden Sie über Ihren Beruf

Das lernen Sie in dieser Lektion

- What do you do? So reden Sie über Ihren Beruf

Wortschatz

- 70 ganz unterschiedliche Berufe

Grammatik

- Wie Sie mit What do you do? jemanden nach seinem Beruf fragen
- Wie Sie mit used to *damals* ausdrücken

Eine Frage, die Sie oft hören und gern selber benutzen dürfen ist:

- What do you do?

Diese Frage bezieht sich immer auf den Beruf, also auf Deutsch „Was machen Sie/machst du beruflich?“

Hier sind einige mögliche Antworten:

- I'm a teacher. *Ich bin Lehrer/Lehrerin.*
- I'm a carpenter. *Ich bin Schreiner/Schreinerin.*

- I'm retired. — *Ich bin in Rente.*
- I was a civil servant. — *Ich war Beamte/Beamtin.*
- I used to work in a bank. — *Ich habe früher in einer Bank gearbeitet.*

Hier ist eine alphabetische Liste mit 70 ganz unterschiedlichen Berufen. Ist Ihr Beruf darunter? Sie können sich die Liste als Podcast anhören, sodass Sie die Wörter sofort richtig aussprechen.

Übersicht – Berufe	
Altenpfleger(in)	nurse for the elderly
Apotheker(in)	chemist
Arzt/Ärztin	doctor/physician
Architekt(in)	architect
Augenoptiker(in)	optician
Bäcker(in)	baker
Bankangestellte(r)	bank employee
Bauarbeiter(in)	construction worker
Berater(in)	consultant
Buchhalter(in)	accountant
Bürokaufmann, -frau	office clerk
Chefsekretär(in)	executive assistant
Chemiker(in)	chemist

Übersicht – Berufe

Chemielaborant(in)	lab assistant
Dachdecker(in)	roofer
Drucker(in)	printer
Einkäufer(in)	buyer/purchaser
Elektriker(in)	electrician
Ergotherapeut(in)	occupational therapist
Erzieher(in)	educator, nursery-school teacher
Exportkaufmann, -frau	export clerk
Facharbeiter(in)	skilled worker
Fleischer(in)	butcher
Friseur(in)	hairdresser, barber (für Männer)
Fußpfleger(in)	podiatrist, pedicurist
Gärtner(in)	gardner
Goldschmied(in)	goldsmith
Haushälter(in)	housekeeper
Hebamme	midwife
Immobilienmakler(in)	estate agent/realtor
Informatiker(in)	computer scientist
Installateur(in)	plumber
Journalist(in)	journalist
Kaufmann, -frau	commercial clerk

Übersicht – Berufe	
Kaufmann, -frau im Einzelhandel	sales assistant
Kellner(in)	waiter
Koch/Köchin	cook, chef
Kosmetiker(in)	beautician
KFZ-Mechaniker(in)	motor mechanic
Krankenschwester, -pfleger	nurse
Landwirt(in)	farmer
Lehrer(in)	teacher
Maler(in) und Anstrei-cher(in)	decorator
Maschinenbau-ingenieur(in)	mechanical engineer
Mechaniker(in)	mechanic
Notar(in)	notary public, solicitor
Pfarrer(in)	pastor
Polizist(in)	police officer
Professor(in)	professor
Psychologe/Psy-chologin	psychologist
Qualitäts-manager(in)	quality manager

Übersicht – Berufe

Richter(in)	judge
Schulleiter(in)	head teacher
Sekretär(in)	PA (personal assistant)
Sozialarbeiter(in)	social worker
Steuerberater(in)	tax accountant
Studienrat, -rätin	high school teacher
Taxifahrer(in)	taxi driver
Umweltberater(in)	environmental consultant
Versicherungs-berater(in)	insurance agent
Vertriebsleiter(in)	production manager
Winzer(in)	winegrower, vintner
Zahnarzt, -ärztin	dentist
Zimmermann	carpenter

GRAMMATIK

Wie gesagt, What do you do? heißt *Was machen Sie beruflich?* oder *Was machst du beruflich?* Sie können auch fragen:

- What do you do for a living? Das bedeutet in etwa, *„Womit verdienen Sie Ihren Lebensunterhalt?"*

Oder Sie fragen:

- What kind of work do you do? Das ist eine Frage nach der Art der Arbeit.

Wenn Sie nicht mehr berufstätig sind, dann können Sie sagen:

- I'm retired. (*Ich bin in Rente.*)

oder

- I'm retired now. (*Ich bin jetzt in Rente.*)

Wenn Sie mehr erzählen wollen, dann erklären Sie, was Sie früher gearbeitet haben. Dafür benutzen Sie used to.

Der Ausdruck used to ist sehr nützlich und auch sehr einfach zu benutzen. Sie nehmen es für alles, was früher regelmäßig oder Standard war. Es beinhaltet so etwas wie *früher* oder *damals*. Hier sind einige Beispiele:

English	Deutsch
I used to live in the USA.	*Ich habe früher in den USA gelebt.*
He used to be a teacher.	*Er war früher Lehrer.*
The weather used to be better.	*Das Wetter war früher besser.*
I used to love watching Dallas on TV.	*Ich habe damals gern Dallas im TV geschaut.*

English	Deutsch
Bonn used to be the capital of Germany.	*Bonn war früher die Hauptstadt von Deutschland.*
“Do you smoke?” “I used to.”	*„Rauchen Sie?“ „Ich habe früher geraucht.“*
As my grandfather used to say …	*Wie mein Großvater zu sagen pflegte …*

Und so geht die Verneinung:

English	Deutsch
I didn’t use to drink alcohol.	*Ich habe früher keinen Alkohol getrunken.*
I never used to smoke.	*Ich habe früher nie geraucht.*
He didn’t use to work. He never used to work.	*Er hat früher nicht gearbeitet.*
We didn’t use to watch American TV series.	*Wir pflegten nicht, amerikanische TV-Serien zu schauen.*
We didn’t use to learn English at school.	*An meiner Schule gab es damals keinen Englischunterricht.*

Übung 8

Übersetzen Sie die folgenden Sätze:

1. Ich bin in Rente. ______________________________

2. Sie war früher Chefsekretärin. ______________________________

____

3. Mein Mann war Lehrer. ______________________________

4. Wir waren Taxifahrer. ______________________________

5. Jetzt sind wir in Rente. ______________________________

6. Ich habe früher nicht geraucht. ______________________________

7. Ich habe Englisch früher nie gemocht. ______________________________

____

Die Lösungen zu den Übungen finden Sie auf der Seite 207.

Lektion 6

Where are you from? Oder: Woher kommen Sie genau?

Das lernen Sie in dieser Lektion

Wortschatz
- So beschreiben Sie Ihre Heimat
- Die 16 deutschen Bundesländer auf Englisch

Grammatik
- die Präposition near
- das Verb to be (sein): Kurz- und Langform
- das Verb to live

Von den Alpen bis zur Nordsee
In Lektion 3 haben Sie gelernt, zu sagen, woher Sie kommen. Sie haben auch gelernt (obwohl Sie das sicher schon wussten!) warum sich so viele Amerikaner dafür interessieren. Ja, weil so viele von ihnen deutsche Vorfahren haben.

Es kann gut sein, dass Urlaubsbekannte oder Geschäftsfreunde noch etwas genauer nachfragen. Diese Übersicht hilft Ihnen, Ihre Heimat noch genauer zu beschreiben.

So beschreiben Sie Ihre Heimat

Deutsch	Englisch	Beispiel	German
Alpen	Alps	I live in the Alps.	*Ich wohne in den Alpen.*
Dorf	village	He lives in a village.	*Er wohnt in einem Dorf.*
Großstadt	large city	We come from a large city.	*Wir kommen aus einer großen Stadt.*
Hügel	hill	I live at the top of a hill.	*Ich wohne oben auf einem Hügel.*
hügelige Region	hilly region	We live in a hilly region.	*Wir wohnen in einem hügeligen Gebiet.*
in der Nähe von	near	I live near Stuttgart.	*Ich wohne in der Nähe von Stuttgart.*
Kleinstadt	town	My son lives in a small town.	*Mein Sohn wohnt in einer Kleinstadt.*
Meer	sea	My family lives near the sea.	*Meine Familie wohnt in Meeresnähe.*
Nordsee	North Sea	She comes from the North Sea.	*Sie kommt von der Nordsee.*

Deutsch	Englisch	Beispiel	German
Ostsee	Baltic Sea	They live on the Baltic Sea.	*Sie wohnen an der Ostsee.*
Schwarzwald	Black Forest	They live in the Black Forest.	*Sie wohnen im Schwarzwald.*
See	lake	You live by a lake.	*Sie wohnen an einem See.*
Tal	valley	She lives in a valley.	*Sie wohnt in einem Tal.*
Vorort	suburb	We live in a suburb of Munich.	*Wir wohnen in einem Vorort von München.*

Die 16 Bundesländer der Bundesrepublik Deutschland (The 16 German federal states)

Hier noch die englischen Namen der 16 deutschen Bundesländer.

 *Baden-Wuerttemberg*

 *Bavaria*

 *Berlin*

 *Brandenburg*

 *Bremen*

 *Hamburg*

 *Hesse*

 *Mecklenburg-West Pomerania*

 *Lower Saxony*

 *North Rhine-Westphalia*

 *Rhineland-Palatinate*

 *Saarland*

 *Saxony*

 *Saxony-Anhalt*

 *Schleswig-Holstein*

 *Thuringia*

GRAMMATIK

Das Verb to be (*sein*) kennen Sie aus Lektion 2. Schauen wir es uns einmal genauer an.

Das Verb to be (sein)

ich bin	I am/I'm	*wir sind*	we are/we're
du bist/Sie sind	you are/you're	*ihr seid*	you are/you're
er ist	he is/he's	*sie sind*	they are/they're
sie ist	she is/she's		

Wann benutzen Sie die Langform (I am) und wann die Kurzform (I'm)

Die Kurzform ist die häufigere Form. Die Langform brauchen Sie, wenn es etwas formeller sein soll, oder wenn Sie etwas betonen müssen. Dann klingt ein unausgesprochenes und verstärkendes „doch“ mit. Sehen Sie hier an diesen zwei Beispielen:

“He's a good footballer.”	*Er ist ein guter Fußballspieler*
“No, he isn't.”	*Nein, ist er nicht.*
“He *is* a good footballer.”	*Er ist doch ein guter Fußballspieler.*
“How old is Jill?”	*Wie alt ist Jill.*
“She's 55.“	*Sie ist 55.*
“No, she isn't!”	*Nein, ist sie nicht.*
“She *is*.“	*Doch.*

In der Nähe von

„In der Nähe von“ heißt auf English nur near. Hier sind einige Beispielsätze, mit denen Sie auch das Verb to live (*leben*) üben können.

I live near Cologne.	*Ich wohne in der Nähe von Köln.*
You live near a church.	*Du wohnst in der Nähe einer Kirche.*
He lives near me.	*Er wohnt in meiner Nähe.*
She lives near you.	*Sie wohnt in Ihrer/Deiner Nähe.*
We live near a mountain.	*Wir wohnen in der Nähe eines Bergs.*
You live near the coast.	*Sie wohnen in Küstennähe.*
They live near a river.	*Sie wohnen in der Nähe eines Flusses.*

Übung 9

Übersetzen Sie die folgenden Sätze ins Englische:

1. Ich wohne im Schwarzwald.

____

2. Du wohnst in Köln.

____

3. Er wohnt in der Nähe von München.

4. Sie wohnt an der Ostsee.

5. Er wohnt in einem Vorort von London.

6. Wir wohnen an einem See.

7. Sie (Mehrzahl) wohnen an der Ostsee.

Die Lösungen zu den Übungen finden Sie auf der Seite 207.

Lerntipp

Seien Sie geduldig

Ein bekanntes englisches Sprichwort heißt: *Rome wasn't built in a day* – Rom wurde nicht an einem Tag gebaut. Beim Sprachenlernen ist das genauso. Es braucht Zeit und Energie. Das dürfen Sie nicht vergessen. Sie können allerdings ganz schnell genug Englisch lernen, um im Urlaub klarzukommen oder um Small Talk mit Besuchern zu führen. Denn verglichen mit vielen anderen Sprachen ist Englisch gerade am Anfang leicht. Das werden Sie merken, wenn Sie dieses Buch durcharbeiten.

Lektion 7

Fokuspunkt – die englische Aussprache

Das lernen Sie in dieser Lektion

- Übersicht über die Aussprache der verschiedenen Laute im Englischen
- Dieser Laut klingt unbedeutend – ist aber der häufigste Selbstlaut in der englischen Sprache!
- Das Alphabet zum Anhören
- Diese Konsonanten werden gar nicht ausgesprochen

Experten-Tipp
- Bei diesen Wörtern müssen Sie besonders aufpassen

Übung
- Üben Sie diese Zungenbrecher mit v und w

Fokuspunkt – die englische Aussprache

Englisch ist gerade am Anfang eine relativ leichte Sprache. Nur die Aussprache ist nicht ganz unproblematisch. Das liegt daran, dass die Wörter leider sehr oft nicht so ausgesprochen werden, wie man sie schreibt.

Und es gibt einige wichtige regionale Unterschiede. Dass es Unterschiede zwischen britischem und amerikanischem Englisch gibt, wissen Sie wahrscheinlich schon. Was viele Lernende nicht wissen ist, dass es innerhalb Großbritanniens und Irlands auch große Unterschiede gibt. Lassen Sie sich also nicht entmutigen, wenn Sie jemanden aus Schottland oder Nordirland gar nicht versteht. Mir geht das nämlich genauso!

Hier eine Übersicht über die Aussprache der verschiedenen Laute im Englischen:

a (äi)	**b** (bie)	**c** (ssie)	**d** (die)
e (ie)	**f** (ef)	**g** (dschie)	**h** (äitssch)
i (ei)	**j** (dschäi)	**k** (käi)	**l** (el)
m (em)	**n** (en)	**o** (ou)	**p** (pie)
q (kju)	**r** (ar)	**s** (ess)	**t** (tie)
u (juh)	**v** (wie)	**w** (dabbel-juh)	**x** (ekss)
y (uwai)	**z** (sie, AE; sed, BE)		

LERNTIPP

Dieser Laut klingt unbedeutend – ist aber der häufigste Selbstlaut in der englischen Sprache!

Es gibt einen Laut im Englischen, der ganz wichtig ist. Das ist der sogenannte „Schwa“-Laut. In der phonetischen

Sprache wird er so [ə] geschrieben. Im Deutschen kommt der Schwa-Laut meist am Wortende, zum Beispiel Treppe, viele, Hose, möchte. Wir treffen das kleine umgedrehte [ə] aber auch in Vorsilben wie ge- oder be- (gekommen, begonnen). Wenn Sie den Schwa-Laut isolieren, klingt er wie ein überraschtes Ausatmen.
Im Englischen ist der Schwa-Laut der häufigste Vokal.

Üben Sie jetzt [ə] [ə] [ə] [ə] [ə] zu sagen.

Hier sind einige Beispiele:

about (*wegen, ungefähr*) [**ə**ˈbaʊt]
pencil (*Bleistift*) [ˈpɛns**ə**l]
medium (*Medium*) [ˈmiːdi**ə**m]
business (*Business, Geschäft, Laden*) [ˈbisn**ə**s]

Sie brauchen die Lautschrift nicht zu lernen, aber Sie müssen diesen kleinen Laut ernst nehmen, wenn Sie verstanden werden wollen.

DAS ALPHABET

Das Alphabet (anhören)
Auf dem USB-Stick können Sie sich das Alphabet anhören, einmal von einem Briten, einmal von einer Amerikanerin aufgesagt und von mir gesungen. Sie müssen übrigens das Al-

phabet nicht sofort auswendig lernen. Das können Sie später machen. Sie sollten sich aber mit einigen wichtigen Punkten der englischen Aussprache beschäftigen, damit Sie von Anfang an verstanden werden.

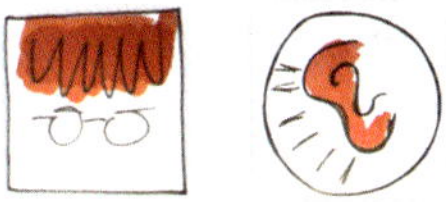

EXPERTEN-TIPP

Bei diesen Wörtern müssen Sie besonders aufpassen

Meiner Erfahrung nach haben Deutsche, Österreicher und Schweizer die meisten Schwierigkeiten mit th und mit den Konsonanten v und w. „Das ist nicht wichtig", könnten Sie sagen. „Hauptsache, ich werde verstanden." Ja, das stimmt. Aber es kann sein, dass Sie gerade deshalb nicht verstanden werden.

Zum Beispiel das Verb to think (*denken*).

Wenn Sie das th nicht aussprechen können, hört es sich an wie to sink (*sinken, untergehen*). Untergehen wollen Sie natürlich nicht!

Oder angenommen, Sie wollen Kalbfleisch (veal) essen. Wenn Sie das v wie ein w aussprechen, dann bestellen Sie ein Rad (wheel).

Dabei ist es gar nicht schwer. Sie müssen nur Folgendes tun:

Um das th auszusprechen
Sie müssen unbedingt die Zunge zwischen die Zähne (the, this, that) bzw. direkt hinter die Zähne (think, thing, thank you) schieben. Dann kann nichts schiefgehen! Wenn Sie es nicht machen kann es sein, dass Sie tanks (*Panzer*) anstatt thanks (*Danke*) sagen.

Um ein v auszusprechen
Platzieren Sie Ihre Vorderzähne fest auf Ihre Unterlippe und lassen Sie die Luft herausströmen.

Um ein w auszusprechen
Formen Sie mit Ihren Lippen ein „o“ und sagen „w“. Ganz wichtig dabei ist, dass Ihre Zähne nicht Ihre Unterlippe berühren.

ÜBUNG (ANHÖREN)

Üben Sie, mit diesen Zungenbrechern v und w auszusprechen.

William's wife lives in a valley near Vienna.
(*Williams Frau lebt in einem Tal in der Nähe von Wien.*)

Valerie wants veal and a very large glass of wine.
(*Valerie möchte Kalbfleisch und ein sehr großes Glas Wein.*)

The victorious Vikings went walking in the vineyard.
(*Die siegreichen Wikinger gingen im Weinberg spazieren.*)

Wenn Sie das schaffen, klingen Sie schon viel weniger „deutsch“.

PODCAST

Diese Buchstaben sind ganz stumm
Einige Buchstaben werden gar nicht ausgesprochen.

Das b am Ende dieser Wörter bleibt stumm.
bomb (*Bombe*) = bomm
climb (*klettern*) = clime
dumb (*stumm, blöd*) = dumm
lamb (*Lamm*) = lamm
thumb (*Daumen*) = thumm
comb (*Kamm*) = koam
numb (*taub*) = numm

Stumm ist auch das d in
Wednesday (*Mittwoch*) = Wensday
handkerchief (*Taschentuch*) = hankerchief
handsome (*gutaussehend*) = han sum

und das g in
sign (*Schild, Zeichen*) = sein
foreigner (*Ausländer*) = forriner

Ebenfalls lautlos ist das k in
knee (*Knie*) = nie
knowledge (*Wissen*) = nollidj
know (*wissen*) = no
knife (*Messer*) = neif

und das l in
calm (*ruhig*) = kaam
palm (*Palme, Handfläche*) = paam
half (*Halb*) = harf
talk (*sprechen*) = tork
Lincoln (*als Name*) = Lin-ken
salmon (*Lachs*) = sammen

Das n am Wortende bleibt unausgesprochen
autumn (*Herbst*) = or-tem
damn (*verdammt*) = damm
solemn (*ernst, feierlich*) = sollem

genaue wie das p am Anfang
psychology (*Psychologie*) = sei koll ogy
psychopath (*Psychopath*) = sei ko path

Dieses s bleibt stumm:
aisle (*Gang* z. B. im Flugzeug) = eil
island (*Insel*) = eiland
Illinois (der Staat) = illinoi

sowie das t in
whistle (*Pfeife*) = wissel
Christmas (*Weihnacht*) = crissmass

und das w in
answer (*Antwort*) = anser
sword (*Schwert*) = surd
whole (*ganz*) = hole

Weitere sehr schwer auszusprechende Wörter sind
clothes (*Bekleidung*) = ist nur eine Silbe. Wenn Sie es nicht aussprechen können, dann sagen Sie „close" aber auf keinen Fall clo-thes.

women (*Frauen*) = wimmin
Das ist besonders tückisch, denn es wird fast genauso geschrieben wie die Einzahl woman.

choir (*Chor*) = kweir
mayor (*Bürgermeister, Bürgermeisterin*) = mähr
bowl (*Schüssel*) = bohl

Berlin (*die deutsche Hauptstadt*) = Ber*lin* mit Betonung auf *lin*

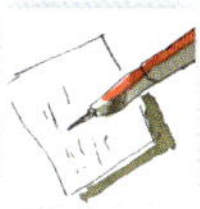

ÜBUNG UND PODCAST

Übung – Tonguetwisters (Zungenbrecher)

Hören Sie sich diese Zungenbrecher an und versuchen Sie, sie nachzusagen.

The women in the choir all wore nice clothes.	*Die Frauen im Chor trugen alle schöne Bekleidung.*
I wonder if Abraham Lincoln liked women.	*Ich frage mich, ob Abraham Lincoln Frauen mochte.*
The boy bowed low before his bowl of soup.	*Der Junge verbeugte sich tief vor seiner Schüssel Suppe.*
Swords and bombs are not allowed in Berlin.	*Schwerter und Bomben sind in Berlin nicht erlaubt.*

Das ow klingt wie au

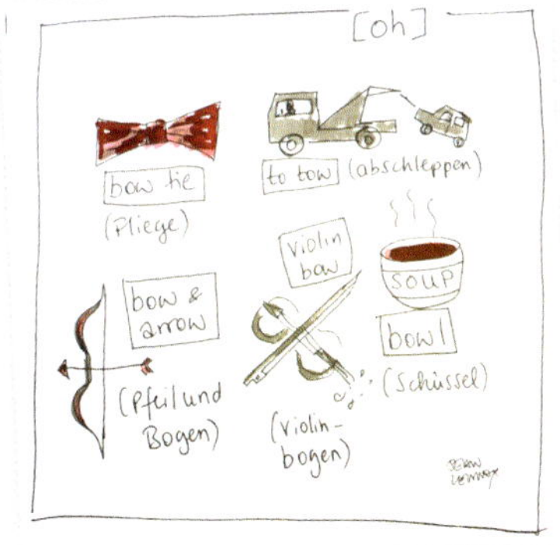

Das ow klingt wie oh

LERNTIPP

Sprechen Sie

Der allerbeste Weg, eine neue Sprache zu lernen, ist, sie zu sprechen. Viele Menschen verbringen viel Zeit damit, die Grammatik zu lernen oder Vokabeln zu pauken. Das ist an sich nicht schlecht, aber es nützt Ihnen wenig, wenn Sie nicht aktiv sprechen. Am besten ist es, mit Muttersprachlern zu reden. Wenn das nicht geht, führen Sie Selbstgespräche. Dafür überlegen Sie sich ein Szenario und simulieren das Gespräch. Machen Sie es sich zur Gewohnheit, jeden Tag ein kurzes Gespräch auf Englisch zu führen. Damit gewöhnen Sie sich daran, die Sprache wirklich zu sprechen und haben weniger Hemmungen, wenn Sie „richtig“ sprechen müssen.

Lektion 8

„Please" heisst doch „bitte", oder doch nicht?

Das lernen Sie in dieser Lektion

Experten-Tipp

- Please – dieses kleine höfliche Wort kann schon sehr irritieren. Passen Sie auf, dass Sie diese Regeln beachten!
- Warum Sie auch aufpassen müssen, wenn Sie Limo oder Cola bestellen wollen

Nützliche Sätze

- So sagen Sie *bitte* auf Englisch

Wortschatz

Limo oder Cola?

EXPERTEN-TIPP

Gleich geht es um Essen und Trinken, doch bevor wir mit Ihrem leiblichen Wohl anfangen, hier ist eine wichtige Warnung!

Sie sind ein höflicher Mensch. Sie würden nie etwas im Restaurant oder in der Kneipe bestellen, ohne please (*bitte*) zu sagen, oder? Doch übertreiben Sie nicht. Lesen Sie warum.

WAHRE GESCHICHTE

Mein Freund Georg spricht eigentlich sehr gut Englisch. Doch als wir einmal zusammen in meiner Heimatstadt Manchester waren, passierte in der Kneipe (pub) Folgendes: Georg wollte für uns Guinness, ein bekanntes irisches Bier, bestellen. Er ging an die Bar und ich hörte das folgende Gespräch:

Georg: Two pints of Guinness, please.	*Zwei Pints (ca. 0,5 l) Guinness, bitte.*
Barkeeper *(zapft das Getränk)*: That will be six pounds sixty, please.	*Das macht sechs Pfund und sechzig Pence, bitte.*
Georg *(gibt dem Wirt das Geld)*: Here you are.	*Bitteschön.*
Barkeeper: Thank you.	*Danke.*
Georg: Please.	*Bitte.*
Barkeeper: Was there something else?	*War noch etwas?*
Georg: No, thank you.	*Nein, danke.*
Barkeeper: You said please.	*Sie sagten bitte.*
Georg: Yes.	*Ja.*

Barkeeper: But you don't want anything else, right?	*Aber Sie wollen nichts anderes mehr, richtig?*
Georg: Yes, that's right.	*Ja, richtig.*

Haben Sie das Problem erkannt? Auf Deutsch antworten wir auf *danke* mit *bitte*. Aber die Antwort auf das englische thank you ist niemals please.

Sie können please nur dann sagen, wenn Sie etwas wollen, nicht wenn Sie etwas bekommen haben. Was sagen Sie dann? Hier ist eine komplette Übersicht für Sie.

NÜTZLICHE SÄTZE

So sagen Sie bitte auf Englisch.

Deutsch	Englisch
Ich hätte gern die Speisekarte, bitte.	Could I have the menu, please?
Bitte unterschreiben Sie hier.	Please sign here.
Könnten Sie mir bitte helfen?	Could you help me, please?
Hier sind die Theaterkarten, die Sie bestellt haben.	Here are the tickets you asked for.
Vielen Dank.	Thank you.
Bitteschön.	You're welcome/My pleasure/Don't mention it/No problem/Not at all.

Deutsch	Englisch
Wie bitte?	Sorry? What did you say? Could you say that again? Pardon? What was that?
Darf ich Ihr Handy benutzen? *Bitteschön.*	a: Could I borrow your mobile? b: Sure. Go ahead/ Of course/Help yourself.

Limo oder Cola? Beides ist nicht so einfach zu bestellen

Auch nichtalkoholische Getränke können kompliziert werden. Zum Beispiel lemonade. In Großbritannien ist lemonade Zitronenlimonade. In den USA ist lemonade Zitronensaft mit Wasser und Zucker vermischt und mit Eiswürfeln serviert. Und Cola gibt es so nicht – Sie müssen schon sagen, ob Sie Coca-Cola (Coke) oder Pepsi-Cola (Pepsi) haben wollen.

Hier ist eine kleine Übersicht für Sie, damit Sie immer das bekommen, was Sie auch bestellt haben.

German	American English	British English
Limo	soda, soda pop	soft drink, pop, fizzy drink, pop soft drink
Zitronenlimonade	soda, soda pop	lemonade
Mineralwasser, Selters	soda water/ mineral water/ club soda	soda water
Zitronensaft und Wasser mit Zucker und Eiswürfeln	lemonade	freshly squeezed lemonade
Cola	Coke, Pepsi	Coke, Pepsi
Cola light	Diet Coke, Diet Pepsi	Diet Coke, Diet Pepsi

Lektion 9

So reservieren Sie einen Tisch im Restaurant und bestellen Ihr Essen

Das lernen Sie in dieser Lektion

Useful phrases
- Das können Sie am Telefon sagen
- Das sagen Sie, wenn Sie im Restaurant ankommen
- So bestellen Sie etwas zu essen und zu trinken

Wortschatz
- die wichtigsten Lebensmittel und Getränke

Grammatik
- Das Modalverb would
- Fragen mit could

So reservieren Sie einen Tisch im Restaurant und bestellen Ihr Essen

Mit diesen Ausdrücken machen Sie mühelos eine Reservierung in einem Restaurant:

Das können Sie am Telefon sagen:

I'd like to make a reservation for tomorrow evening.	*Ich möchte gern für morgen einen Tisch reservieren.*
I'd like to book a table for two for lunch today.	*Ich möchte gern einen Tisch für zwei Personen für heute Mittag reservieren.*
For seven-thirty this evening.	*Für halb acht heute Abend.*

Interkulturelles

In den USA und Großbritannien ist es üblich, beim Betreten eines Restaurants zu warten, bis Sie an einen Tisch geführt werden. Setzen Sie sich also nicht einfach hin, auch wenn viele Tische unbesetzt sind.

Das sagen Sie, wenn Sie ankommen	
We have a reservation for seven-thirty.	*Wir haben eine Reservierung für halb acht.*
The name is Müller.	*Auf den Namen Müller.*
Das können Sie sagen, wenn Sie ohne Reservierung ein Restaurant betreten	
Do you have any free tables?	*Haben Sie einen freien Tisch?*
Do you have a table for four?	*Haben Sie einen Tisch für vier Personen frei?*
Die Bedienung wird fragen	
How many are in your party?	*Wie viele Personen?*
Sie antworten	
Just two.	*Nur zwei.*
For four persons.	*Für vier Personen*
Das sagt die Bedienung	
Would you like to look at the wine list?	*Wollen Sie die Weinkarte sehen?*
Would you like to order any drinks?	*Möchten Sie Getränke bestellen?*
Would you like any appetizers?	*Möchten Sie Vorspeisen?*

Would you like to hear today's specials?	*Wollen Sie hören, welche Tagesgerichte es heute gibt?*
Are you ready to order?	*Wollen Sie jetzt bestellen?*
Have you decided yet?	*Haben Sie gewählt?*
Sie können folgende Fragen stellen	
What can you recommend?	*Was können Sie empfehlen?*
What does this mean?	*Was bedeutet das hier?*
What is "cottage pie"?	*Was ist „cottage pie"?*
Is there anything vegetarian/vegan?	*Gibt es etwas Vegetarisches?*
Do you have anything suitable for diabetics?	*Haben Sie etwas, das für Diabetiker geeignet ist?*
Wenn Sie ausgewählt haben, dann sagen Sie	
I'd like … please.	*Ich hätte gern … bitte.*
Please could I have …?	*Könnte ich … haben, bitte?*
I'll have … please.	*Ich nehme … bitte.*
Solche Fragen wird die Bedienung stellen	
What dressing would you like?	*Welches Dressing hätten Sie gern?*
Would you like tap or bottled water?	*Möchten Sie Leitungswasser oder Flaschenwasser?*
How would you like that cooked?	*Wie möchten Sie das zubereitet haben?*

Wenn Sie bezahlen wollen, sagen Sie	
Amerikanisches Englisch	
Could I have the check, please?	*Ich hätte gern die Rechnung.*
Britisches Englisch	
Could I have the bill, please?	*Ich hätte gern die Rechnung*

GRAMMATIK

In dieser Lektion wenden Sie die Konstruktion I'd like an.

Schauen wir uns dieses einfache Wortpaar an, damit Sie es immer wieder sicher benutzen können.

I'd like ist die Kurzform von I would like und bedeutet *ich hätte gern*.

Die Konstruktion ist bei allen Personen (ich, Sie, es, etc.) immer gleich, also einfach d oder would anhängen:

I'd like	I would like	*ich hätte gern*
you'd like	you would like	*du hättest/Sie hätten/ihr hättet*
he'd/she'd/it'd like	he/she/it would like	*er/sie/es hätte gern*

we'd like	we would like	*wir hätten gern*
they'd like	they would like	*sie hätten gern*

Oder Sie stellen eine Frage mit could, und so einfach geht das:

could I have …?	*könnte ich … haben?*
could we have …?	*könnten wir … haben?*

WORTSCHATZ

Hier ist eine Übersicht der wichtigsten Vokabeln, die Sie für einen Restaurantbesuch benötigen:

Am Tisch	
Besteck	silverware (AE)/cutlery (BE)
Messer	knife
Steakmesser	steak knife
Gabel	fork
Kuchengabel	cake fork
Löffel	spoon
Suppenlöffel	soup spoon
Nachtischlöffel	dessert spoon
Serviette	napkin (AE)/serviette (BE)
Speisekarte	menu

Menü	set meal
Tagesgericht	chef's special/dish of the day
Vorspeisen	starters
Häppchen	appetizers
Hauptspeise	main course
Zwischengericht	entrée (AE)

EXPERTEN-TIPP

Breakfast, Lunch und Dinner – wenn es nur so einfach wäre ...

In der Schule haben Sie sicherlich gelernt: Frühstück = breakfast; Mittagessen = lunch; Abendessen = dinner. Leider ist es nicht ganz so einfach, denn es gibt große regionale Unterschiede. Diese Übersicht hilft Ihnen:

Frühstück, Mittag- und Abendessen etc.

Frühstück	Hier können Sie kaum Fehler machen, denn fast überall ist die erste Mahlzeit am Tag breakfast. Soviel ich weiß, gibt es nur eine Ausnahme: Im Westen von Indien gibt es zum Frühstück Tee und Brot und da spricht man von tea.

Zwischen-mahlzeit am Vormittag	In Großbritannien gibt es den schönen Begriff elevenses für eine kleine Zwischenmahlzeit, zum Beispiel zwei Kekse und eine Tasse Tee, die um etwa 11 Uhr morgens genossen wird. Es gibt auch den allgemeingültigen Begriff snack, der sich nicht nur auf 11 Uhr morgens bezieht.
Mittagessen	Wenn Sie lunch sagen, werden Sie überall verstanden. In manchen Gegenden, zum Beispiel Irland, Nordengland und Schottland, heißt das warme Mittagessen allerdings dinner.
Abendessen	Ein informelles Abendessen heißt in USA supper oder dinner. In Großbritannien und Irland spricht man von tea oder dinner, wobei dinner etwas formeller klingt. Es gibt auch in Hotels oder in der feinen Gesellschaft afternoon tea – Sandwiches, Gebäck und Kuchen mit Tee, typischerweise um 17 Uhr serviert – oder high tea – eine leichte warme Mahlzeit und Gebäck am frühen Abend mit Tee serviert.
Nachtmahl	Wenn die Briten oder Iren nach dem Abendessen noch eine kleine Mahlzeit zu sich nehmen, nennen sie das supper.

Breakfast, dinner und tea – eine Übersicht

breakfast	*fast überall: Frühstück*
elevenses	*Snack am Vormittag (BE)*
lunch	*Mittagessen (AE und BE)*
snack	*Zwischenmahlzeit (AE und BE)*
dinner	*Mittagessen oder Abendessen je nach Gegend*
tea	*Abendessen (BE)* *Frühstück im Westen von Indien*
afternoon tea	*Sandwiches, Gebäck und Tee um 17 Uhr (BE)*
high tea	*frühes warmes Abendessen mit Tee und Gebäck serviert (BE)*
supper	*leichtes Abendessen (AE)* *leichtes Essen am späten Abend (BE)*

Mithilfe dieser Liste finden Sie Ihr Lieblingsessen, sodass Sie es bestellen oder kaufen können:

WORTSCHATZ

Gemüse	
Artischocke	artichoke
Avocado	avocado

Blumenkohl	cauliflower
Brokkoli	broccoli
Erbse	pea
Frühlingszwiebel	spring onion
Gurke (Salatgurke)	cucumber
Ingwer	ginger
Knoblauch	garlic
Kohl	cabbage
Kopfsalat	lettuce
Kürbis	pumpkin (BE)
Kürbis	squash (AE)
Mais	sweeetcorn
Maiskolben	corn on the cob
Möhre	carrot
Paprikaschote	bell pepper (AE)
Paprikaschote	capsicum (BE)
Pilze	mushrooms
Porree	leek
Radieschen	radish
Rauke	rocket
Rosenkohl	Brussels sprouts
Sellerie	celeriac
Spargel	asparagus

Spinat	spinach
Staudensellerie	celery
Tomate	tomato
Zucchini	courgette (BE)
Zwiebel	onion
Kartoffeln und Kartoffelerzeugnisse	
Backofenkartoffel	baked potato
geröstete Kartoffeln	roast potato
Kartoffelchips	chips (AE), crisps (BE)
Kartoffelpüree	mashed potato
Klöße	dumplings
Kroketten	croquettes
Pommes frites	chips (BE)
Pommes frites	french fries (AE)
Brot- und Teigwaren	
Brot	bread
Brotlaib	loaf of bread
Brotscheibe	slice of bread
Brötchen	roll/bread roll
Gerste	barley
geschnittenes Brot	sliced loaf
Pastete	pie
Teilchen (Plunder)	Danish, Danish pastry

Vollkornbrot	wholemeal bread
Weißbrot	white bread
Gewürze und Soßen	
Essig	vinegar
Mayonnaise	mayonnaise
Pfeffer	pepper
Salatsoße	salad dressing
Salz	salt
Senf	mustard
Kräuter	
Basilikum	basil
Dill	dill
Estragon	tarragon
Lorbeer	bay leaf
Majoran	marjoram
Oregano	oregano
Petersilie	parsley
Rosmarin	rosemary
Salbei	sage
Thymian	thyme
Obst	
Ananas	pineapple
Apfel	apple

Banane	banana
Birne	pear
Blaubeere	blueberry
Brombeere	blackberry
Dattel	date
Erdbeere	strawberry
Feige	fig
Himbeere	raspberry
Kirsche	cherry
Melone	melon
schwarze Johannisbeere	blackcurrant
Wassermelone	watermelon
Aprikose	apricot
Kirsche	cherry
Stachelbeere	gooseberry
Zitrone	lemon
Limette	lime
Kiwi	kiwi fruit
Mango	mango
Granatapfel	pomegranate
Pflaume	plum
Rhabarber	rhubarb
Weintraube	grape

Fisch und Meeresfrüchte	
Aal	eel
Austern	oysters
Bückling (Räucherhering)	kipper
Forelle	trout
Garnele	shrimp
Hering	herring
Hummer	lobster
Kabeljau	cod
Krebsfleisch	crab
Lachs	salmon
Meerhecht	hake
Pangasius	shark catfish
Räucherhering (Bückling)	kipper
Räucherlachs	smoked salmon
Sardellen	anchovy
Sardinen	sardines
Scampi	scampi
Schellfisch	haddock
Scholle	plaice
Seelachs	dover hake
Seezunge	sole
Thunfisch	tuna

Desserts und Backwaren	
Apfelpastete	apple pie
Apfelstreusel, meist warm serviert mit Schlagsahne oder Vanille-Eiscreme	apple crumble
Dessert	pudding (BE)
Kekse	biscuits (BE)
Kekse	cookies (AE)
Kuchen	cake
Pudding	pudding (AE)
Vanillesoße	custard
Wackelpudding	jelly (BE)
Fleisch und Wurstwaren	
Aufschnitt	cold cuts
Blutwurst	black pudding
Ente	duck
falscher Hase oder Hackbraten	meatloaf
Gans	goose
Geflügel	poultry
Hackfleisch	ground beef (AE)
Hackfleisch	minced beef (BE)
Hackfleisch	ground meat
Hähnchen	chicken

Hammel	mutton
Kalbfleisch	veal
Lamm	lamb
Leber	liver
Leberwurst	liver sausage/pate
Nieren	kidneys
Rindfleisch	beef
Schinken	ham
Schweinefleisch	pork
Truthahn	turkey
Würstchen	sausage
Konserven	
Erbsen	peas
gebackene Bohnen in Tomatensauce	baked beans
Kidneybohnen	kidney beans
Marmelade (Erdbeere, Kirsche, Himbeere etc.)	jelly (AE)/jam (BE)
Marmelade (Bittermarmelade aus Orangen, Grapefruit, Limette oder Zitrone)	Marmelade
Suppe	soup
Milch und Milchprodukte	
Butter	butter
Margarine	margarine

Milch	milk
H-Milch	long-life milk
Vollmilch	full-cream milk/full-fat milk
Halbfettmilch	semi-skimmed milk
entrahmte Milch	skimmed milk
Eiscreme	ice cream
Joghurt	yoghurt

Für manche Gerichte gibt es keine Übersetzung, zum Beispiel für diese Spezialitäten:

Toastbrot, das nur auf einer Seite getoastet und auf der anderen Seite mit Butter bestrichen wird	French toast (BE)
weiches Hefeküchlein zum Toasten	crumpet (BE)
weiches, flaches Hefebrötchen, das durchgeschnitten und belegt wird	English muffin
Dessert aus Biskuit, Obst, Pudding, Wackelpudding und geschlagener Sahne	trifle (BE)

Lektion 10

In der Kneipe

Das lernen Sie in dieser Lektion

Interkulturelles

- Das ist der Unterschied zwischen einer amerikanischen Bar und einem britischen Pub
- 10 unausgesprochene Regeln für den Besuch im Pub

Gesprächsstoff

- Was bedeutet eigentlich Pub?

Experten-Tipp

- Runden ausgeben: So funktioniert das!
- Heißt es eigentlich Whiskey oder Whisky?

Nützliche Sätze

- Mit diesen nützlichen Sätzen laden Sie neue Urlaubsbekannte ein, mit Ihnen in die Kneipe zu gehen
- Diese Sätze sind für jeden Pub-Besuch unerlässlich
- So bestellen Sie in einem Pub Ihr Essen
- Geschüttelt, nicht gerührt – eine kurze Übersicht über Whiskey, Gin und Cocktails

Wahre Geschichte

- Martini kennt doch jeder, oder?

In der Kneipe

Es gibt kaum einen besseren Ort, eine neue Sprache zu üben als in der Kneipe. Diese Übersicht hilft Ihnen, sich sowohl in einer bar (AE) als auch in einem pub (BE) wohlzufühlen und sich richtig zu benehmen!

Das ist der Unterschied zwischen einer amerikanischen Bar und einem britischen Pub

- In USA werden Sie am Tisch bedient, in Großbritannien und Irland müssen Sie Ihre Getränke selbst an der Theke bestellen und zum Tisch tragen – mehr dazu später.
- In den USA ist es üblich, die Kosten für den Tisch anschreiben zu lassen (*to open a tab*). Im UK bezahlen Sie jede Bestellung einzeln.
- In den USA finden Sie eine Menge Bars, im UK hingegen Pubs.

Mit diesen nützlichen Sätzen können Sie andere Menschen wie neue Urlaubsbekannte motivieren, mit Ihnen in eine Kneipe zu gehen:

So sagen wir: „Sollen wir etwas trinken gehen?“ auf Englisch

Shall we go for a drink?	*Sollen wir in die Kneipe gehen?*
Let's go for a beer!	*Lasst uns ein Bier trinken gehen.*
Anyone fancy a drink?	*Hat jemand Lust, einen trinken zu gehen?*

INTERKULTURELLES

Diese 10 unausgesprochenen Regeln sind absolute Pflicht, wenn Sie in einer britischen oder irischen Kneipe nicht verdursten oder sich blamieren wollen

Wenn Sie sich in Großbritannien oder Irland im Pub hinsetzen und auf die Bedienung warten, werden Sie verdursten. Und wenn Sie mit einer Gruppe dorthin gehen, müssen Sie viel trinken. Warum das so ist, lesen Sie in den folgenden zehn Regeln. Diese Regeln sind für Einheimische Pflicht und auch Sie sollten sie befolgen, wenn Sie nicht unangenehm auffallen wollen.

1. Oft gibt es keine Speise- oder Getränkekarten auf den Tischen. Sie finden die Preise an einer Tafel hinter der Theke. Fragen Sie bitte nicht an der Theke nach Preisen. Sie machen sich damit beim Personal unbeliebt.

Kaufen Sie immer eine Runde für die ganze Gruppe. Es gilt als äußerst unhöflich, nur für sich selbst oder für ein oder zwei Personen zu bestellen.

2. Wenn jeder einmal dran war, geht es wieder von vorn los.

3. Vielleicht ist Ihre Gruppe so groß, dass Sie gar nicht dran kommen und keine Runde ausgeben. In einem solchen Fall dürfen Sie keinesfalls „als Ausgleich" Geld anbieten. Das gilt als Beleidigung.

4. Versuchen Sie nicht, aus dem System auszubrechen. Der einzige Grund, nicht mitzumachen, ist, dass Sie Auto fahren müssen.

5. Sie müssen Ihre Getränke an der Bar bestellen und an den Tisch bringen. Wenn Sie mit mehreren Personen da sind, gehen Sie bitte nicht alle, sondern schicken Sie ein oder zwei Personen hin, die für die Gruppe bestellen. Das Personal und die Stammgäste mögen es gar nicht, wenn eine ganze Touristengruppe auftaucht und die Theke besetzt.

6. Sie müssen sich eventuell durchkämpfen. Im Gegensatz zu Geschäften oder Bushaltestellen, wo Briten ordentlich in einer Reihe stehen, gilt im Pub ein scheinbar wildes Durcheinander an der Theke. Aber seien Sie geduldig. Wenn Sie dort ankommen, rufen Sie bitte nicht *„It's my turn"* oder etwas Ähnliches. Versuchen Sie einfach, mit dem Personal Augenkontakt aufzunehmen. Wenn Sie das geschafft haben, nicken Sie leicht mit dem Kinn nach oben und lächeln dabei freundlich. Das ist viel effektiver als wenn Sie ungeduldig und mürrisch dreinblicken, weil Sie länger warten mussten.

7. In den meisten Pubs zahlen Sie mit Bargeld. Sorgen Sie dafür, dass Sie genug Geld in der Hosen- oder Jackentasche haben. Wenn Sie Ihr Portemonnaie erst herausholen müssen, halten Sie alles auf und ziehen den Unmut der anderen Gäste auf sich.

8. Fragen Sie nicht nach einem Tablett. Das macht man einfach nicht.

9. Trinkgeld ist in Pubs unüblich. Nur wenn Sie das Gefühl haben, besonders gut bedient worden zu sein, können Sie sagen *„And one for yourself."* („Ein Getränk auch für Sie.") Die Bedienung wird das Getränk oft hinterher nehmen oder das Geld einfach behalten.

EXPERTEN-TIPP

Wenn Sie mit Briten im Pub sind und Ihr Gastgeber die erste Runde ausgibt, verpassen Sie nicht die ideale Gelegenheit, die zweite Runde auszugeben. Die beste Zeit dafür ist, wenn ein oder zwei Personen in der Gruppe ungefähr dreiviertel ihrer Getränke konsumiert haben. Dann sagen Sie:

It's my round. What are you having?	*Es ist meine Runde. Was darf's sein?*

Was bedeutet eigentlich Pub?

Das Wort Pub ist übrigens die Kurzform von Public House. Die ersten Public Houses gab es in der Antike während der Zeit der römischen Besatzer. In deren weitläufigem Straßennetz gab es an Knotenpunkten Gasthäuser für Reisende. Dabei war es üblich, dass ein Dorfbewohner sein Haus zur Verfügung stellte. Es wurde davor ein Schild aufgehängt und in dem Haus wurden Getränke und Speisen serviert. Das Haus stand sowohl Durchreisenden als auch der ganzen Dorfbevölkerung zur Verfügung.

Das heutige Erscheinungsbild vieler Pubs erinnert noch an diesen Brauch. Genau wie damals hängt vor der Wirtschaft ein Schild und innen laden bequeme Sessel, schwere Vorhänge und Teppiche zum gemütlichen Beisammensein ein.

Welche Getränke werden typischerweise im Pub getrunken?

Beer

Wenn Sie Bier trinken wollen, müssen Sie entweder die Art oder, noch besser, die Marke nennen. Auch müssen Sie pint (reimt sich auf *scheint*) oder half (reimt sich auf *darf* – also ohne ‚l') sagen.

- A pint of bitter, please.
- A half of Guinness, please.

Es gibt eventuell die Wahl zwischen Flaschen- oder Fassbier.

Flaschen	bottled
Fass	draught (reimt sich auf *kraft*)
Glas	pint = ungefähr ½ Liter

Das sind Getränke, die typischerweise in einem Pub bestellt werden

bitter	*Obergäriges, relativ starkes Bier. Wird bei Zimmertemperatur serviert (auch und vor allem in Deutschland als Ale bekannt).*
lager	*Helles Bier, meistens importiert, kalt serviert. Zum Beispiel: Stella Artois, Carlsberg, Heineken, Becks, Fosters.*
Indian Pale Ale (IPA)	*Ein sehr populäres, nicht importiertes helles Bier; in Deutschland als „Craft Beer" erhältlich.*
light ale/mild brew	*Schmeckt wie ein* bitter, *aber nicht ganz so stark.*
strong ale	*Das ist sehr alkoholreich.*
real ale	*Obergäriges, natürliches Bier im Holzfass (cask).*
craft beer	*Eine relativ neue Entwicklung – real ale in kleineren, innovativen Privatbrauereien gebraut. Kräftig im Geschmack und meist kalt serviert.*
stout	*Sehr dunkel braun (fast schwarz) und bitter. Zum Beispiel Guinness. Wenn Sie stout bestellen müssen Sie eventuell länger warten. Das Zapfen dauert.*

shandy	*Eine Mischung aus Bier und Limo (Radler). Bestellen Sie entweder* a lager shandy *oder a* bitter shandy.
ginger beer und ginger ale	*Das sind beides* soft drinks *– also keine Biere.*
cider	*Ein traditionelles englisches alkoholisches Getränk aus Äpfeln. Vorsicht – erinnert an Apfelsaft, kann aber sehr stark sein.*
house red house white	*In den meisten Pubs ist die Weinauswahl eher bescheiden. Am besten bestellen Sie einfach den Hauswein.*
white wine spritzer	*Das sagen Sie, wenn Sie eine Weinschorle bekommen wollen.*
on the rocks	*Das sagen Sie, wenn Sie Ihr Getränk (zum Beispiel Whisky) mit Eis serviert haben wollen.*
gin and tonic	*In Deutschland als „Gin Tonic" bekannt – vergessen Sie das* and *nicht, wenn Sie im Pub dieses beliebte Getränk erhalten wollen.*
vodka and tonic	*Hier gilt das Gleiche wie für* gin and tonic
Bloody Mary	*Wodka mit Tomatensaft*

Soft drinks (nicht alkoholische Getränke)
Nichtalkoholische (non-alcoholic) Getränke werden in Großbritannien soft drinks genannt. Sie können still (ohne Kohlensäure) oder sparkling (auch fizzy oder carbonated genannt) sein.

Knabbereien
Es ist üblich, zum Getränk Snacks zu bestellen. Am häufigsten werden crisps (in den USA als potato chips oder chips bekannt) verlangt. Die beliebtesten Sorten sind ready salted, auch plain genannt (natur), cheese and onion (Käse-Zwiebel) und salt and vinegar (Salz mit Essig).

Wenn Sie etwas Handfesteres wollen, dann müssen Sie eine Kneipe finden, die bar food serviert. Hier bekommen Sie in der Regel unter anderem pies (Pasteten, meist mit Fleisch gefüllt), lasagna (Lasagne), fish and chips (Backfisch mit Pommes frites), salads (Salate) oder meinen Favoriten: Ploughman's (ausgesprochen plaumanns) Lunch – ein großes Stück Cheddar-Käse mit frischem Brot, pickles (eingelegten Zwiebeln) und chutney, eine scharf-pikante Soße der indischen Küche.

EXPERTEN-TIPP

Diese Sätze sind für jeden Pub-Besuch unerlässlich

What are you having?	*Was möchtest du/möchten Sie?*
What can I get you?	*Was kann ich dir/Ihnen bringen?*
I'll have the same again, please.	*Ich hätte gern das gleiche noch einmal.*
A pint of lager, please.	*Ein großes Helles, bitte.*
Could you get me a vodka and orange?	*Kannst du/Können Sie mir einen Wodka mit Orangensaft bringen?*
I'm fine, thank you.	*Ich möchte nichts, danke.*
I'm fine at the moment.	*Ich möchte im Moment nichts, danke.*

Das wird die Bedienung entweder am Tisch (USA) oder an der Theke (überall) sagen

What can I get you?	*Was darf's sein?*
Anything else?	*Sonst noch etwas?*
Ice and lemon?	*Mit Eis und Zitrone?*
That'll be ten pounds fifty, please.	*Das macht zehn Pfund und fünfzig Pence, bitte.*

So bestellen Sie in einem Pub Ihr Essen

Sie gehen an die Bar, geben Ihre Bestellung auf und zeigen dabei auf Ihren Tisch oder geben die Tischnummer an. Bezahlen müssen Sie sofort. In manchen Kneipen bekommen Sie eine Nummer und holen Ihr Essen ab, wenn Ihre Nummer aufgerufen wird. Wenn nicht, wird Ihr Essen an den Tisch gebracht. In vielen Pubs macht die Küche relativ früh zu. Fragen Sie also mit den folgenden Sätzen lieber nach:

How long do you serve food?	*Bis wann gibt es Essen?*
What time does the kitchen close?	*Wann macht die Küche zu?*
We're sitting over there.	*Wir sitzen dort drüben.*
My table number is ten.	*Ich habe die Tischnummer 10.*
Here's my ticket.	*Hier ist meine Nummer.*

Wenn Sie im Pub bereits zu Ihren Getränken etwas essen wollen, können Sie beispielsweise Snacks wie Chips oder Ähnliches bestellen.

Two pints of Stella and two packets of salt and vinegar crisps, please.	*Zwei Stella und zwei Tüten Salz-und-Essig-Chips bitte.*

Viele, vor allem junge Leute, holen sich nach dem Pub-Besuch auf dem Weg nach Hause etwas zu essen. Sehr beliebt sind curry, kebab (Döner) oder auch fish and chips.

Geschüttelt, nicht gerührt – eine kurze Übersicht über Whisky, Gin und Cocktails

Wollen Sie Hochprozentiges bestellen? Oder mögen Sie Cocktails? Diese kurze Übersicht hilft Ihnen, genau das richtige Getränk zu bekommen.

Neat drinks

Wenn Sie etwas neat bestellen, bekommen Sie das Getränk pur, also ohne Eis, Wasser oder Sonstiges. Das Getränk wird auch nicht gekühlt, sondern bei Raumtemperatur serviert. Typische neat Getränke sind Whisky und Cognac oder Brandy.

Straight drinks

Ein straight Getränk ist ein klares, eisgekühltes Getränk wie Wodka oder Gin.

Vorsicht! Manche Menschen verstehen unter straight Whisky oder Cognac, pur und bei Raumtemperatur serviert (eigentlich neat).

Up drinks

Ein up drink ist ein Getränk, das mit Eis gekühlt wird (geschüttelt oder gerührt) und dann in ein Glas eingeschenkt und ohne Eis getrunken wird. Martini und Manhattan sind solche typischen up drinks.

INTERKULTURELLES

Heißt es eigentlich Whiskey oder whisky?

Es gibt beides whiskey (mit ‚e') und whisky (ohne ‚e'). Allerdings gibt es einen Unterschied.

whisky – kommt aus Schottland
whiskey – kommt aus den USA, Kanada und Irland

Tall drinks (Highalls)

Wie der Name sagt (tall und high bedeuten hoch oder groß), werden diese Getränke in einem hohen Glas serviert. Typische long drinks sind Gin & Tonic, Bloody Mary and Long Island Iced Tea.

Die richtige Aussprache

Auf Deutsch heißt es Gin Tonic, auf Englisch aber gin and tonic. Es wird auch oft abgekürzt und heißt „g and t" (gesprochen: djie n tea).

On the rocks

On the rocks heißt mit Eis serviert. Diese Getränke werden langsam genossen, vor, während oder nach dem Essen.

Beispiele hierfür sind Black Russian, White Russian, Caipirinha und Old Fashioned.

Tropical drinks
Wenn Sie es fruchtig haben wollen, dann bestellen Sie einen tropical drink. Manche tropical drinks kommen gefroren, viele werden mit rum oder tequila gemixt. Beispiele sind Pina Colada, Sex on the Beach und Mojito.

Hot cocktails
Zu kalt für Gin & Tonic oder Pina Colada? Auch im Winter brauchen Sie nicht auf leckere Cocktails zu verzichten. Zum Beispiel Hot Toddy (Brandy, Rum & Whisky) oder Irish Coffee (Kaffee mit Whisky und geschlagener Sahne).

Chasers
Chasers (Verfolger) sind hochprozentige, kurze Getränke, die man typischerweise nach einem Bier „hinterher kippt".

WAHRE GESCHICHTE

Martini kennt doch jeder, oder? So einfach ist es leider nicht

Am Fuße des Empire State Buildings in New York gibt es ein Restaurant mit einer Bar. Dort können Sie ruhig hingehen, wenn Sie in New York sind und sich unterhalten wollen. Denn man kommt ganz schnell ins Gespräch mit Amerikanern und hat Spaß. Aber Sie müssen aufpassen, dass Sie das richtige Getränk bestellen. Neulich saß ich dort an der Bar und es passierte Folgendes:

Ein Mann kam an die Bar und bestellte „a beer and a dry Martini". An seinem Akzent konnte ich sofort hören, dass er – wie ich – aus Manchester kam. Der Barkeeper hat ihn erst einmal nicht verstanden (es war sehr laut an der Theke), also bat er den Mann, seine Bestellung zu wiederholen. („Sorry, sir, what was that?")

„A beer and a dry Martini," sagte er erneut. „Okay", antwortete der Barkeeper „Vodka or gin?"

„No", schrie der Engländer zurück. „A beer and a dry Martini!"

„Yes", kam die Antwort. „Will that be vodka or gin?"

„I want a beer and a dry Martini!"

Es wäre ewig so weitergegangen. Doch wissen Sie, was da los war?

Zum Glück wusste ich es. Schließlich liebe ich James-Bond-Filme. Ich konnte eingreifen und das Problem lösen.

Der Engländer hätte „a beer and a vodka (oder gin) martini" bestellen müssen.

Wenn Sie in Großbritannien (und auch in Deutschland) in einem normalen Restaurant einen Martini bestellen, bekommen Sie in der Regel Wermut von der italienischen Firma Martini & Rossi. Den gibt es in weiß (bianco) oder rot (rosso).

In den USA dagegen ist Martini ein klassischer Cocktail. Er besteht in der Regel aus Gin und trockenem, französischem Wermut. Populäre Varianten sind zum Beispiel Vodka Martini (mit Wodka und Wermut) und dirty Martini (dreckiger Martini), der aus Gin (oder Wodka), Wermut und Olivensaft besteht. Martinis werden in der Regel mit ice (Eiswürfel), olives (Oliven) und a twist of lemon (ein Stück Zitronenschale) serviert.

Lektion 11

„Der Rest ist für Sie": Trinkgeld – ja oder nein

Wahre Geschichte

- Peinlich: Wie ich von einem Kellner beschimpft wurde

Nützliche Sätze

- Das können Sie sagen, wenn Sie Trinkgeld geben.

Trinkgeld – ja oder nein?

Ob und wie viel Trinkgeld überall auf der Welt gegeben wird, ist eine sehr komplizierte Sache. Ich rate Ihnen, sich genau zu erkundigen, bevor Sie Ihre Reise antreten. Es könnte Ihnen sonst passieren, dass Sie von aufgebrachten Kellnern vor dem Lokal aufgesucht werden. Das ist mir passiert …

WAHRE GESCHICHTE

Peinlich: Wie ich von einem Kellner beschimpft wurde

Ich war mit Freunden in der Altstadt von Montreal/Kanada essen. Der Kellner legte uns eine kleine Plastikmappe mit einer Rechnung über 278 Dollar auf den Tisch und ging weg. Wir sind sechs Personen gewesen und waren uns einig, dass wir alle 50 Dollar bezahlen würden, also legte jeder von uns 50 Dollar in die Mappe. Wir gaben dem Kellner die Mappe und gingen hinaus.

Das kam nicht gut an. Der Kellner lief uns mit der Rechnung hinterher und erklärte uns, dass das Bedienungspersonal dringend auf Trinkgeld angewiesen sei und wir geizig (stingy) gewesen wären. Wir haben uns alle sehr geschämt!

Ich bin seitdem sehr vorsichtig und erkundige mich immer ganz genau. Daher recherchiere ich jetzt immer im Voraus im Internet und bitte andere Reisende und Einheimische, mir zu sagen, was ortsüblich ist. Ich möchte nicht, dass mir noch einmal ein solcher Fauxpas unterläuft. Inzwischen weiß ich, dass in Kanada 15 % Trinkgeld in einem Restaurant üblich sind.

Wie kompliziert das mit dem Trinkgeld ist, sehen Sie an diesen Beispielen aus den USA.

In der folgenden Tabelle finden Sie Empfehlungen zu der Frage, wann, wem, wie viel Trinkgeld gegeben werden sollte:

So viel Trinkgeld müssen Sie in den USA geben

INTERKULTURELLES UND WORTSCHATZ

Personal oder Service	English	So viel Trinkgeld sollten Sie geben
Taxifahrer	taxi driver	15 %
Gepäckträger (Flughafen oder Bahnhof)	porter	$ 1 pro Gepäckstück, etwas mehr bei besonders schweren Gepäckstücken
Gepäckträger im Hotel	bellman	$ 1 pro Gepäckstück, mehr bei besonderen Dienstleistungen
Empfangsportier	doorman	für das Besorgen eines Taxis, Hilfe beim Gepäcktragen, Regenschirm schützend halten etc. $ 1

Personal oder Service	English	So viel Trinkgeld sollten Sie geben
Concierge	concierge	Reservieren von Restaurant- oder Theaterplätzen, Besorgen von Sightseeing-Touren etc. zwischen $ 2 und $ 10 je nach Wert der erbrachten Leistung
Zimmermädchen	hotel maid	$ 1 pro Nacht, in einem Umschlag deutlich beschriftet und auf das Kopfkissen gelegt
Parkgehilfen	parking attendants/valet parking	$ 2–3 bei Aushändigung des Wagens
Bedienung im Restaurant/ Hotelzimmer	waiters/room service waiters	15–20 % der Rechnungssumme vor Steuern (pre-tax)
Garderobe	cloakroom attendant	$ 1–2 wenn keine Garderobengebühr erhoben wird
Toilettenpersonal	rest room attendant	50 Cent bis $ 1 pro Besuch

Personal oder Service	English	So viel Trinkgeld sollten Sie geben
Reiseleitung/ Busfahrer	tour guide/ charter bus driver	für einen halben Tag $ 1, für einen ganzen Tag $ 2
Kartenverteiler im Casino	dealer	Etwa $ 5 in Bar oder Chips pro Sitzung
Kellner oder Kellnerin im Casino	drink waiter/ waitress	$ 1 pro Drink, wenn es üblich ist, den spielenden Gästen Getränke ohne Berechnung zu servieren
Kabinenpersonal auf Kreuzfahrtschiffen	cabin/bath steward	5 bis 7,5 % des Reisepreises, jeweils in Teilen am Ende einer Woche
Kellner auf Kreuzfahrtschiffen	waiter/waitress	Etwa $ 3 pro Tag und Person
Nachtschaffner im Zug	sleeping car attendant	$ 5 am Tag. Für das andere Bedienungspersonal im Zugrestaurant oder an der Bar gelten die in Restaurants allgemeingültigen Trinkgelder.

Nützliche Sätze

Here you are. Keep the change.	*Bitteschön. Behalten Sie den Rest.*
Thanks for the service.	*Danke für die Bedienung.*
Thank you. I only need five back.	*Danke. Geben Sie mir bitte nur fünf (Dollar, Pfund, Euro) zurück.*

LERNTIPP

Eine Studie der Universität Düsseldorf hat bestätigt, dass ein Nickerchen unsere Konzentration erheblich erhöhen kann. Am effektivsten ist ein Schläfchen von 28 Minuten, fanden die Wissenschaftler heraus. Wenn Sie es selbst ausprobieren möchten, trinken Sie im Vorfeld einen Kaffee oder einen Espresso. Das Koffein in dem Getränk wird gegen Ende Ihres Nickerchens wirksam, sodass Sie schnell wieder fit sind.

Gönnen Sie sich nach dem Schläfchen fünf Minuten Zeit, um wieder mit Ihrer Umgebung in Verbindung zu treten und um ein Glas Wasser zu trinken – denn Koffein führt bekanntlich zu Dehydration, und Dehydration verringert die geistige Leistung.

Sie können tagsüber nicht schlafen? Das ist kein Problem. Wichtig ist, dass Sie sich für kurze Zeit von der Welt trennen. Vielleicht erreichen Sie den Punkt am Rande des Schlafes wo Sie nicht ganz wach sind aber auch nicht ganz schlafen.

Lektion 12

What time is it?

Das lernen Sie in dieser Lektion

- Half seven? Klingt wie halb sieben – ist es aber nicht
- Diese 2 Möglichkeiten der Zeitangabe müssen Sie kennen

Wahre Geschichte

- Es war die falsche Zeit: Warum Dieter und ich nie zusammenkamen

Wortschatz und nützliche Sätze

- Nützliche Sätze, um die richtige Uhrzeit zu sagen
- Mit diesen 10 Sprichwörtern erweitern Sie auf unterhaltsame Weise Ihren Wortschatz

Diese 2 Möglichkeiten der Zeitangabe müssen Sie kennen.

Mit dieser Übersicht geben Sie die Zeit immer richtig an:

WAHRE GESCHICHTE

Warum Dieter und ich nie zusammenkamen

Mein Leben hätte ganz anders verlaufen können, wenn Dieter nur besser Englisch gesprochen hätte. Ich war 19 und seit sechs Monaten in Deutschland. Ich machte ein Praktikum in einem Kinderheim. Alles war neu und aufregend.

Dieter war Student. Er kam ab und an vorbei, um mit den Heimkindern Fußball zu spielen. Er war gutaussehend und charmant und wir haben uns oft nach dem Fußball unterhalten. Ich war sehr glücklich, als er mich einlud, mit ihm ins Kino zu gehen. Wir verabredeten uns für „Saturday at half eight“ vor dem Kino.

Ich machte mich hübsch und fuhr mit der Straßenbahn in die Stadt. Ich war pünktlich, doch von Dieter fehlte jede Spur. Es gab damals natürlich keine Handys und ich konnte ihn nicht anrufen. Also stand ich eine halbe Stunde wie Falschgeld herum, bevor ich enttäuscht nach Hause ging.

Sie ahnen es sicherlich schon: Bei uns in Großbritannien ist „half eight“ 20:30 Uhr. Dieter meinte „halb acht“, also 19:30 Uhr. Während ich mich schminkte und meine Fingernägel polierte, stand er schon längst vor dem Kino. Nach einer knappen Stunde gab er auf.

Er kam erst nach zwei Wochen wieder zum Fußball spielen. Ich habe ihm erklärt, wie wir in England die Uhr lesen, aber ich glaube, dass er mich nicht richtig verstanden hat. Oder er hat mir nicht geglaubt. Auf jeden Fall war es aus, bevor es begonnen hat. Manchmal denke ich darüber nach, wie anders alles hätte sein können, wenn es diesen blöden Sprachfehler nicht gegeben hätte.

LERNTIPP

Lernen Sie zwischendurch
Time wasted is time lost (Verschwendete Zeit ist verlorene Zeit) sagte immer Mr. Conroy, mein Lehrer in der vierten Klasse. Ich habe den Spruch gehasst. Als Kind hat man ja das Gefühl, dass die Zeit endlos ist.

Heute verstehe ich den Spruch so, dass wir sehr viel Zeit zwischendurch haben. Viele Menschen sagen dazu „tote Zeit“. Ich sehe diese kurzen Perioden eher als „geschenkte Zeit“. Wenn wir sie richtig ausnutzen, gewinnen wir sogar Zeit.

Geschenkte Zeit: das sind all die Minuten am Tag, in denen Sie nichts Bestimmtes vorhaben. Sie stehen zum Beispiel an der Bushaltestelle, sitzen beim Arzt im Wartezimmer, warten auf Besuch und so weiter. Tragen Sie immer Ihre Unterlagen bei sich – vor allem die Lernkarten aus diesem Buch. Laden Sie die Podcasts auf Ihr Handy. Nutzen Sie Ihre „geschenkte Zeit“, um Englisch zu lernen.

NÜTZLICHE SÄTZE

Nützliche Sätze, um die richtige Uhrzeit zu sagen

It's one a.m.

It's one o'clock in the morning.

It's two oh-five a.m.

It's five (minutes) past/after two in the morning.

It's three ten a.m.

It's ten (minutes) past/after three a.m.

It's four-fifteen a.m./in the morning.

It's (a) quarter past/after four a.m./in the morning.

It's five twenty a.m./in the morning.

It's twenty past/after five a.m./in the morning.

It's six twenty-five a.m./in the morning.

It's twenty-five past/after six a.m./in the morning.

It's twelve noon.

It's ten (minutes) past/after twelve.

it's one p.m.

It's one o'clock in the afternoon.

	Saying	Übersetzung	Deutsche Entsprechung
6	When in Rome, do as the Romans.	*Wenn du in Rom bist, verhalte dich wie die Römer.*	*Andere Länder, andere Sitten.*
7	Never look a gift horse in the mouth.	*Schau einem geschenkten Pferd nie in den Mund.*	*Einem geschenkten Gaul schaut man nicht ins Maul.*
8	There's no such thing as a free lunch.	*So etwas wie ein kostenloses Mittagessen gibt es nicht.*	*Nichts ist umsonst.*
9	You can't make an omelette without breaking eggs.	*Man kann kein Omelett zubereiten, ohne Eier zu zerbrechen.*	*Wo gehobelt wird, da fallen Späne.*
10	You can't have your cake and eat it.	*Man kann nicht gleichzeitig einen Kuchen haben und ihn auch essen.*	*Man kann nicht alles haben.*

EXPERTEN-TIPP

Kümmern Sie sich nicht um die Grammatik der Sprichwörter. Sie müssen nicht genau wissen, wie ein bestimmter Satz aufgebaut ist. Sprichwörter gehen mit der Zeit in Fleisch und Blut über und Sie werden ganz ohne Mühe alles verstehen.

LERNTIPP

Machen Sie Pause

Wenn Sie sich intensiv mit der Sprache auseinandersetzen, kann es passieren, dass Sie das Gefühl haben, nichts mehr zu lernen. Diese Stagnation ist normal. Machen Sie daher jede Woche einen Tag Pause, dann kann sich Ihr Gehirn erholen. Alle paar Monate empfiehlt sich auch eine komplette Lernpause von einer oder zwei Wochen. Wenn Sie wieder anfangen, werden Sie merken, wie viel Sie doch gelernt haben.

Lektion 13

Amerikanisch oder Britisch? Diese Unterschiede müssen Sie kennen, wenn Sie keine peinlichen Fehler machen wollen

Das lernen Sie in dieser Lektion

Wortschatz

- Unterschiede zwischen BE & AE – die ultimative Übersicht

Wahre Geschichte

- Von halbangezogenen Männern und riesigen Geldbörsen

Interkulturelles

- Ist die britische Aussprache wirklich besser als die amerikanische?

Amerikanisch oder Britisch? Diese Unterschiede müssen Sie kennen, wenn Sie keine peinlichen Fehler machen wollen

Es gibt viele Varianten des Englischen. Aber die Wichtigsten sind zweifellos das britische und das amerikanische Englisch. Wenn Sie Spielfilme in Originalsprache anschauen, werden Sie mit Sicherheit Unterschiede in der Aussprache hören. Es gibt auch einige Unterschiede in der Grammatik. Die sind für Sie aber jetzt nicht so wichtig. Wichtig sind die unterschiedlichen Vokabeln. In bestimmten Bereichen (Bekleidung kaufen, Auto mieten, Essen und Trinken) müssen Sie sehr darauf achten, dass Sie das „richtige“ Englisch benutzen. Sonst bekommen Sie möglicherweise Pommes frites statt Kartoffelchips oder ein Unterhemd anstatt einer Weste.

WAHRE GESCHICHTE

Von halbangezogenen Männern und riesigen Geldbörsen

Ich habe immer gern amerikanische Bücher gelesen – Krimis, Familiensagen, Abenteuerromane. Doch als junges Mädchen hat mich einiges stutzig gemacht. „Warum gehen amerikanische Männer halb angezogen aus dem Haus?“, habe ich mich immer wieder gefragt. Und ich habe mich immer gewundert, dass Frauen in den Vereinigten Staaten

Ihren Lippenstift im Portemonnaie aufbewahrten. „Die müssen ja riesig sein“, vermutete ich. Doch das lag nur daran, dass das amerikanische und das britische Englisch oft ganz schön weit auseinanderliegt. Denn bei uns in Großbritannien ist ein „vest“ ein Unterhemd. In den USA ist ein „vest“ aber eine Weste. Ähnlich verhält es sich mit der Handtasche: Für uns Briten ist eine Handtasche ein „handbag“ und ein „purse“ ist eine Geldbörse. Auf der anderen Seite des großen Teichs ist aber ein „purse“ eine Handtasche. Ganz schön kompliziert, stimmt's?

Hier ist eine detaillierte Übersicht für Sie, damit Sie immer sicher sind, egal wo auf der Welt Sie sich befinden.

WORTSCHATZ

Unterschiede zwischen BE & AE – die ultimative Übersicht

Britisches Englisch (BE)	Amerikanisches Englisch (AE)	deutsche Übersetzung
Times and seasons		**Zeiten und Jahreszeiten**
autumn	fall oder autumn	*Herbst*
bank holiday	holiday/federal holiday	*gesetzlicher Feiertag*
fortnight	two weeks	*vierzehn Tage*
from Monday to Friday	from Monday through Friday	*von Montag bis einschließlich Freitag*
holiday/holidays	vacation	*Urlaub*
Food and drink		**Essen und Trinken**
aubergine	eggplant	*Aubergine*
beetroot	beet	*Rote Bete*
biscuit	cookie	*Keks*
chicory	endive	*Chicorée*
chips	(French) fries	*Pommes frites*
courgette	zucchini	*Zucchini*

Britisches Englisch (BE)	Amerikanisches Englisch (AE)	deutsche Übersetzung
crisps	chips	*Kartoffelchips*
double cream	heavy cream	*Rahm*
fish-fingers	fish sticks	*Fischstäbchen*
icing sugar	powdered sugar	*Puderzucker*
jacket potato	baked potato	*Ofenkartoffel*
lemonade	soda	*Limo*
pepper	bell pepper	*Paprikaschote*
sweets	candy	*Süßigkeiten*
Driving		**Autofahren**
accelerator	gas pedal	*Gaspedal*
bonnet	hood	*Motorhaube*
boot	trunk	*Kofferraum*
car park	parking lot	*Parkplatz*
caravan	trailer	*Wohnwagen*
diversion	detour	*Umleitung*
drink-driving	drunk driving	*Fahren unter Alkohol*
filling station/ petrol station/ services	gas station	*Tankstelle*
gear lever	gear shift	*Gangschalthebel*

Britisches Englisch (BE)	Amerikanisches Englisch (AE)	deutsche Übersetzung
indicator	blinker/turn signal	*Blinker*
lorry	truck	*LKW*
mudwing	fender	*Kotflügel*
number plate	license plate	*KFZ-Kennzeichen*
petrol	gas/gasoline	*Benzin*
roundabout	traffic circle	*Kreisverkehr*
windscreen	windshield	*Windschutzscheibe*
Out and about		**Unterwegs**
pavement	sidewalk	*Gehweg*
return ticket	round-trip ticket	*Rückfahrkarte*
transport	transportation	*Transport*
underground (tube)	subway	*U-Bahn*
subway	underpass	*Unterführung*
goods train	freight train	*Frachtzug*
public convenience	rest room	*öffentliche Toilette*
Clothing and accessories		**Bekleidung und Accessoires**
braces	suspenders	*Hosenträger*
trousers	pants	*Hose*

Britisches Englisch (BE)	Amerikanisches Englisch (AE)	deutsche Übersetzung
handbag	purse	*Handtasche*
(bathing) cos-tume	swimsuit	*Badeanzug*
dinner jacket	tux, tuxedo	*Smoking*
dressing gown	bathrobe	*Bademantel*
vest	undershirt	*Unterhemd*
waistcoat	vest	*Weste*
jumper/sweater	sweater	*Pullover*
mackintosh	raincoat	*Regenmantel*
Professions		**Berufe**
caretaker	janitor	*Hausmeister*
solicitor/barrister	lawyer	*Rechtsanwalt*
head teacher	principal	*Schuldirektor*
Shopping		**Einkaufen**
chemist's	drugstore	*Drogerie*
jumble sale/flea market/car boot (sale)	yard sale	*Flohmarkt*
Entertainment		**Unterhaltung**
cinema	movie theater	*Kino*
film	movie	*Kinofilm*
TV programme	TV show	

Britisches Englisch (BE)	Amerikanisches Englisch (AE)	deutsche Übersetzung
At home		**Zuhause**
cooker	stove	*Herd, Ofen*
curtain	drapes or curtains	*Gardinen*
duvet	comforter	*Bettdecke*
first floor	second floor	*erste Etage*
flannel, face cloth	face cloth, wash cloth	*Waschlappen*
flat	apartment	*Wohnung*
garden	yard	*Hausgarten*
ground floor	first floor	*Erdgeschoss*
hoover	vacuum cleaner	*Staubsauger*
lift	elevator	*Fahrstuhl*
rubbish bin	trash can	*Mülleimer*
tap	faucet	*(Wasser-)Hahn*
to let	to rent	*vermieten (z. B. Wohnung)*
Sport and games		**Sport und Spiel**
a pack of cards	a deck of cards	*ein Kartenspiel*
American football	football	*amerikanischer Fußball*
fairground	carnival	*Kirmes*

Britisches Englisch (BE)	Amerikanisches Englisch (AE)	deutsche Übersetzung
football	soccer	*Fußball*
hockey	field hockey	*Hockey*
ice hockey	hockey	*Eishockey*
roundabout	merry-go-round	*Karussell*
Animals		**Tiere**
Alsatian	German Shepherd	*Schäferhund*
lady bird	lady bug	*Marienkäfer*
Children		**Kinder**
cot	crib	*Kinderbett*
dummy	pacifier	*Schnuller*
nappy	diaper	*Windel*
Various		**Verschiedenes**
bill	check	*Rechnung (im Restaurant)*
biro	ballpoint pen	*Kugelschreiber*
condom	rubber, condom	*Kondom*
cotton	thread	*Nähfaden*
fire brigade	fire department	*Feuerwehr*
fringe	bangs	*Pony (Frisur)*
form	grade	*Schulklasse*
Gents	men's room	*Herrentoilette*

Britisches Englisch (BE)	Amerikanisches Englisch (AE)	deutsche Übersetzung
hire purchase	instalment plan	*Ratenkauf*
jug	pitcher oder jug	*Krug*
mobile (phone)/ phone	cell/cell phone/ phone	*Handy*
rubber	eraser	*Radiergummi*
rubbish	garbage	*Müll*
spanner	wrench	*Schraubenschlüssel*
torch	flashlight	*Taschenlampe*

INTERKULTURELLES

Ist die britische Aussprache wirklich besser als die amerikanische?
Meine Kursteilnehmer wünschen häufig, britisches Englisch (BE) zu lernen, weil sie glauben, amerikanisches Englisch (AE) sei zu modern und die Aussprache sei nicht „echt". Aber – so sagen die Sprachwissenschaftler – die amerikanische Aussprache ist ähnlich wie die Aussprache zu Shakespeares Zeiten. Das amerikanische Englisch hat auch noch einige grammatikalische Regeln, die wir Briten schon längst abgeschafft haben.

Was bedeutet das für Sie? Es bedeutet, dass Sie sich keine Gedanken darüber machen sollen, welches Englisch ‚richtig' ist. Hauptsache Sie können sich verständlich machen – ob mit amerikanischem, britischem oder deutschem Akzent.

ÜBUNG 10

AE		BE
1.		
2.		
3.		
4.		
5.	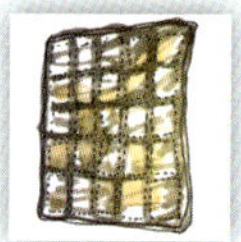	

6. 

7. 

8. 

9. 

Die Lösungen zu den Übungen finden Sie auf der Seite 207.

Lektion 14

Wenn etwas passiert: Diese Übersicht kann Leben retten

Wortschatz

- Diese Vokabeln helfen Ihnen, wenn Sie fachärztliche Hilfe benötigen

Nützliche Sätze

- Das werden Sie hören, wenn Sie einen Notfall melden müssen

- Diese Fragen können Sie erwarten und so können Sie antworten

Landeskunde
- Diese Nummern helfen weltweit

Experten-Tipp
- Genau hinhören und Vokabeln parat haben

Wenn etwas passiert: Diese Übersicht kann im Notfall Leben retten

Größere und kleinere Unfälle passieren überall, und auch im Urlaub kann es passieren, dass man krank wird. Wie reagieren Sie aber, wenn es sich um einen Notfall handelt?

Mit dieser Übersicht sind Sie bestens vorbereitet, wenn Sie einen Facharzt, einen Notarzt, die Polizei oder Rettungsdienste rufen müssen.

Diese Vokabeln helfen Ihnen, wenn Sie fachärztliche Hilfe brauchen:

WORTSCHATZ

Deutsch	English
Allgemeinarzt	GP/doctor/Physician
Augenarzt	eye specialist
Zahnarzt	dentist
HNO-Arzt	ear, nose and throat specialist
Gynäkologe	gynaecologist
Hautarzt	dermatologist
Chirurg	surgeon
Kinderarzt	paediatrician
Proktologe	proctologist
Urologe	urologist
Psychologe	psychologist
Psychiater	psychiatrist

Das werden Sie hören, wenn Sie einen Notfall melden müssen

Wenn Sie in einen Unfall oder in einen medizinischen Notfall verwickelt sind, müssen Sie schnell reagieren. Sie müssen den Notarzt, die Polizei oder die Feuerwehr anrufen und so deutliche wie möglich den Notfall auf Englisch schildern. Das ist nicht leicht, denn Sie sind sicherlich aufgeregt. Hier können Sie sich auf eventuelle Notfälle gründlich vorbereiten.

In der linken Spalte lesen Sie, was Sie am Telefon hören werden, wenn Sie anrufen. Dann kommt die deutsche Übersetzung. In der rechten Spalte stehen typische Antworten, ebenfalls mit Übersetzung.

EXPERTEN-TIPP

Genau hinhören und Vokabeln parat haben
Falls Sie den Notdienst (emergency number) anrufen, hören Sie erst einmal genau hin. Sie werden einige sehr wichtige Fragen beantworten müssen. Wenn Sie klar und deutlich antworten, können Sie mit Hilfe rechnen. Bereiten Sie sich auf eventuelle Notfälle mit den wichtigsten Vokabeln vor und versuchen Sie vor allem, trotz des Notfalls unbedingt ruhig zu bleiben!

Warum müssen Sie so viele Fragen beantworten?
Es wird so sein, dass Sie sehr viele Fragen beantworten müssen. Aber machen Sie sich keine Sorgen – der Rettungsdienst ist schon alarmiert und unterwegs. Die Fragen helfen jetzt, das Feuer oder den Vorfall möglichst schnell zu finden. Die Helfer sind dann vorbereitet, um Ihnen direkt mit der Situation helfen zu können. Zum Beispiel können Sie ihnen sagen, wie Sie mit einer verletzten Person umgehen oder wo Sie bei einem Feuer eventuell helfen können.

Diese Frage können Sie erwarten	Deutsche Überset-zung	Das können Sie antworten	Deutsche Überset-zung
Which service do you require? Police, Fire or Ambulance?	*Welchen Notdienst benötigen Sie? Polizei, Feuerwehr oder Notarzt?*	police fire service ambulance medical assistance/a doctor	*Polizei* *Feuerwehr* *Krankenwagen* *medizinische Hilfe/Arzt*
Wenn es brennt			
What exactly is on fire?	*Was genau brennt?*	A car A building My hotel The kitchen in my apartment	*ein Auto* *ein Gebäude* *mein Hotel* *die Küche in meiner Ferienwohnung*
Where exactly is the car standing? What is the exact address of the building?	*Wo genau steht das Auto?* *Wie lautet die genaue Adresse des Gebäudes?*	On 52 Rose Street, second floor	*an der Rose Street 52, zweite Etage (GB) dritte Etage (USA)*

Lektion 15
Small Talk – grosse Wirkung

- Diese 5 Themen eignen sich hervorragend für Small Talk

Nützliche Sätze für Small Talk
- Über das Wetter reden
- Fahrenheit oder Celsius?
- Über das Hotel, das Schiff und so weiter reden
- Alles über Sport
- Small-Talk-Thema Beruf
- Über Hobbys und Interessen reden

So werden Sie zum Small-Talk-Profi, ohne überhaupt viel zu sagen
- Machen Sie ermutigende Geräusche
- Achten Sie auf Ihre Körpersprache
- Stellen Sie Fragen
- Benutzen Sie das magische Wort „so"

Small Talk– große Wirkung!
Ob im Urlaub, auf Geschäftsreisen oder sonst wo: Wenn Sie auf fremde Menschen treffen, müssen Sie erst einmal irgendwie miteinander bekannt werden. Small Talk kann in der eigenen Muttersprache anstrengend sein. Wie läuft es denn auf Englisch? Und worüber darf ich überhaupt reden?

Diese Ratschläge helfen Ihnen, in jeder Situation klarzukommen.
Halten Sie das Gespräch lieber allgemein, besonders dann, wenn Sie Ihren Gegenüber nicht kennen. Bei diesen fünf Themen können Sie sicher sein, in keine Fettnäpfchen zu treten.

Small talk topic No. 1 – Das Wetter
Das Wetter wird immer unzuverlässiger – außer als Small-Talk-Thema.

Auch wenn Sie Small Talk hassen, über ein Thema müssen Sie sich unterhalten können, nämlich über das Wetter. Denn das ist das Small-Talk-Thema Nummer eins auf der ganzen Welt. So reden Sie gekonnt über das Wetter auf Englisch.

Vocabulary for talking about the weather

Wenn es warm oder heiß ist	
It's nice and warm.	*Es ist schön und warm.*
It's hot.	*Es ist heiß.*
It's scorching.	*Es ist eine Affenhitze.*
Wenn es windig ist	
There's a cool breeze.	*Es weht eine kühle Brise.*
It's pretty gusty.	*Es ist ziemlich böig.*
We're expecting gales.	*Wir erwarten einen Sturm.*
There are hurricane warnings.	*Es gibt eine Orkanwarnung.*

Wenn es kalt ist	
It's a bit chilly.	*Es ist kühl.*
It's quite cold.	*Es ist ziemlich kalt.*
It's freezing.	*Es ist eisig.*
Temperatures are below freezing.	*Die Temperaturen sind unter null.*
Wenn es regnet	
It's drizzling.	*Es nieselt.*
It's raining.	*Es regnet.*
There's a real downpour.	*Es gießt aus Eimern.*
Wenn es schneit	
It's snowing.	*Es schneit.*
It's knee-deep.	*Der Schnee liegt knietief.*
We're snowed in.	*Wir sind eingeschneit.*
There's a blizzard.	*Es ist ein Schneesturm.*
Wenn es diesig oder nebelig ist	
It's misty.	*Es ist diesig.*
It's foggy.	*Es ist nebelig.*
Wenn es schön ist	
It's a nice day.	*Es ist ein schöner Tag.*
It's lovely outside.	*Es ist schön draußen.*
It's a wonderful day today.	*Es ist ein wunderbarer Tag heute.*

Wenn es schrecklich ist			
It's a terrible day today.		*Es ist ein schrecklicher Tag heute.*	
It's horrible outside.		*Es ist schrecklich draußen.*	
It's miserable outside.		*Es ist ekelhaft draußen.*	
What's the weather like in Sydney at this time of the year?	*Wie ist zu dieser Jahreszeit das Wetter in Sydney?*	It's gorgeous at the moment. Temperatures are in the nineties.	*Es ist großartig im Moment. Die Temperaturen liegen über 33 Grad.*
It's your autumn now, isn't it?	*Bei euch ist jetzt Herbst, stimmt´s?*	Actually, it's the end of summer. It's beautiful right now. No, it's the middle of winter. It's freezing.	*Es ist in der Tat der Ende des Sommers. Es ist gerade schön. Nein, es ist die Mitte des Winters. Es ist eiskalt.*

Do you get a lot of bad weather at this time of the year?	*Habt ihr zu dieser Jahreszeit viel schlechtes Wetter?*	We get bad weather all year round, I'm afraid. It's so unpredictable. It's not too bad right now, but we're expecting some heavy rain.	*Wir haben leider das ganze Jahr lang schlechtes Wetter. Es ist unberechenbar.* *Es ist gar nicht so schlecht gerade, aber wir erwarten starken Regen.*
What's the weather like in your neck of the woods?	*Wie ist das Wetter da, wo ihr herkommt?*	Raining, as usual. Surprisingly warm for the time of year.	*Es regnet gerade, wie gewohnt.* *Es ist überraschend warm für die Jahreszeit.*
I hear you're having a heat wave.	*Wie ich höre habt ihr gerade eine Hitzewelle.*	That's right. Absolutely. It's sweltering.	*Das stimmt.* *Absolut.* *Man kommt vor Hitze fast um.*

Were you hit by that hurricane?	*Wurdet ihr von dem Hurrikan getroffen?*	No, we were really lucky. It passed us by.	*Nein, wir haben wirklich Glück gehabt. Er ist an uns vorbeigezogen.*
		Yes, we were. Our house has suffered a lot of damage.	*Ja, wurden wir. Unser Haus ist schwer beschädigt worden.*

Fahrenheit oder Celsius? So reden Sie über die Temperatur

Ob Sie die Wettervorhersage verstehen oder Ihre Körpertemperatur messen wollen, es ist wichtig, dass Sie wissen, wie die Temperaturmessungen von Fahrenheit und Celsius zueinanderstehen. Nehmen Sie dafür diese Übersicht. Damit können Sie auch locker über die Temperaturen sprechen.

Temperatures today are in the upper eighties.	*Heute werden es über 30 Grad Celsius.*
Expect temperatures in the thirties and forties.	*Erwarten Sie Temperaturen zwischen 1 und 5 Grad Celsius.*

Small talk topic No. 2 – Das Hotel, das Schiff etc.

Wenn Sie im Urlaub sind, sind Sie in der Regel von entspannten Menschen umgeben. Auf Geschäftsreisen wahrscheinlich weniger. Aber in beiden Fällen können Sie die Gelegenheit nutzen, um über Ihre Umgebung zu reden.

This is a beautiful building. I wonder how old it is.	*Das Gebäude ist wunderschön. Ich frage mich, wie alt es ist.*
Have you seen the view from the window over there? It's stunning.	*Haben Sie die Aussicht vom Fenster dort drüben gesehen? Es ist umwerfend.*
Is this your first cruise?	*Ist das Ihre erste Kreuzfahrt?*
How do you like the food on the ship?	*Wie gefällt Ihnen das Essen auf dem Schiff?*

Small Talk Thema Nr. 3 – Sport

Sport ist nicht jedermanns Sache, aber immer gut für Small Talk, besonders dann, wenn es internationale Wettbewerbe gibt.

Are you following the Olympics?	*Schauen Sie sich die Olympischen Spiele an?*
Have you been watching the Tennis?	*Verfolgen Sie Tennis?*
Do you like volleyball?	*Mögen Sie Volleyball?*
Do you play any sports?	*Treiben Sie Sport?*
What is your favourite sport?	*Was ist Ihre Lieblingssportart?*

Mit diesen Vokabeln werden Sie aktiv am Gespräch teilnehmen, wenn es um Sport geht

Englisch	Deutsch
American football	*amerikanischer Fußball*
archery	*Bogenschießen*
baseball	*Baseball*
canoeing	*Kanufahren*
golf	*Golf*
car racing	*Autorennen*
cricket	*Kricket*
cycling	*Radsport, Radfahren*
equestrian	*Pferdesport*

Englisch	Deutsch
horse racing	*Pferderennen*
football (British)	*Fußball*
soccer (USA, Australian, Südafrika)	*Fußball*
sailing	*Segeln*
swimming	*Schwimmen*
fencing	*Fechten*
ping pong, table tennis	*Tischtennis*
Winter sports	*Wintersport*
skiing	*Skifahren*
bobsleigh	*Bobfahren*
cross-country skiing	*Langlauf*
downhill skiing	*Abfahrtslauf*
figure skating	*Eiskunstlauf*
ice hockey	*Eishockey*
hockey (N. Amerika)	*Eishockey*
ice skating	*Eislauf, Schlittschuhlaufen*
ski jumping	*Skispringen*

Small talk topic No. 4 – Berufe
Allgemeine Fragen nach dem Beruf sind immer eine gute Idee. Hier einige Beispiele.

What line of work are you in?	*In welche Branche arbeiten Sie?*
How long were you involved in NGO work?	*Wie lange sind Sie in die Arbeit einer nicht staatlichen Organisation eingebunden gewesen?*
What's your main focus at the moment?	*Worauf konzentrieren Sie sich momentan am meisten?*
That's interesting. I used to work there, too. Is Bob Smith still head of sales?	*Das ist interessant. Ich habe dort auch gearbeitet. Ist Bob Smith immer noch Abteilungsleiter?*

Small talk topic No. 5 – Hobbies and interests

Hobbys sind immer eine gute Idee. Aber seien Sie vorsichtig und reden Sie nicht zu viel über Ihre Interessen. Lassen Sie Ihren Gesprächspartner auch zu Wort kommen.

So what do you do when you're not working?	*Was machst du in deiner Freizeit?*
Does your work leave you any time for hobbies?	*Haben Sie neben der Arbeit noch Zeit für Hobbys?*
Are you into any kind of sports?	*Betreibst du irgendwelche Sportarten?*

So werden Sie zum SSmall-Talk-Profi, ohne überhaupt viel zu sagen

God gave us two ears so we can listen twice as much as we talk. (*Gott hat uns zwei Ohren gegeben, damit wir doppelt so viel zuhören als reden können.)*

Der beste und kürzeste Weg, um ein Small-Talk-Profi zu werden, liegt im Zuhören. Der allerbeste Weg ist, aktiv zuzuhören. Die allermeisten Menschen reden gern über sich selbst – über ihre Arbeit, ihre Familie, ihre Hobbys, welchen Film sie letztens gesehen haben und so weiter. Sie können diese Neigung zur Selbstdarstellung ausnutzen, besonders dann, wenn Sie selbst nicht viel sagen wollen oder können. Vielleicht weil Sie glauben, dass Ihr Englisch nicht gut genug sei oder Sie von Natur aus eher zurückhaltend sind. Egal warum, diese Tipps helfen Ihnen, Small-Talk-Profi zu werden, ohne überhaupt viel zu sagen.

1. Machen Sie ermutigende Geräusche
Sagen Sie etwas Ermutigendes oder machen Sie positive Geräusche, zeigen Sie aktiv, dass Sie zuhören.

Hmmmm.	*Hmm*
Yes, I see.	*Ja, ich verstehe.*
Wow.	*Wow.*
How interesting!	*Wie interessant!*
Okay.	*OK*
Right!	*Richtig!*
Oh dear!	*Oh, je!*
Good heavens!	*Meine Güte!*
Amazing!	*Erstaunlich!*

2. Achten Sie auf Ihre Körpersprache
Neigen Sie den Kopf leicht zur Seite und schauen Sie Ihren Gesprächspartner an. Lassen Sie die Finger von Ihrem Handy. Schauen Sie sich nicht im Raum um.

3. Stellen Sie Fragen
Wenn Sie Fragen stellen, zeigen Sie eindeutig, dass Sie zuhören.

How old are your children?	*Wie alt sind Ihre Kinder?*
What does your son do?	*Was macht Ihr Sohn beruflich?*
That sounds interesting. I'd like to hear more.	*Das hört sich interessant an. Ich würde gern mehr hören.*

Lektion 16

Häufige „false friends" (falsche Freunde) zwischen Deutsch und Englisch

Zum Schluss noch eine Warnung:
Es gibt einige Dinge, bei denen Sie von Anfang an aufpassen müssen: nämlich bei den sogenannten „falschen Freunden“ (false friends). Falsche Freunde sind Wörter, die in verschiedenen Sprachen ähnlich klingen aber nicht die gleiche Bedeutung haben. Es gibt zwischen Deutsch und Englisch leider ziemlich viele davon. Zum Beispiel das englische Wort actual bedeutet nicht *aktuell,* sondern *tatsächlich.* Gefährlich wird es auch, wenn Sie etwas vielleicht, also eventuell machen wollen. Sagen Sie dann bloß nicht, I will do that eventually. Das bedeutet nämlich, dass Sie es auf jeden Fall, allerdings nicht sofort machen werden. *Eventuell* ist perhaps oder possibly.

Auf Reisen treffen Sie bestimmt viele Menschen. Manche davon sind mit Sicherheit sympathisch. *Sympathisch* heißt auf Englisch einfach nice oder likeable. Sympathetic dagegen heißt *mitfühlend.* Von den vielen Adjektiven, die Menschen beschreiben, gehören diese zu den „false friends“: *Genial* heißt auf Englisch brilliant. Das englische Wort genial bedeutet so viel wie *gastfreundlich.* Und dann gibt es noch *brav,* auf Englisch well-behaved. Hier dürfen Sie auf keinen Fall brave sagen, denn das bedeutet *mutig* oder *tapfer.*

Hier ist eine Übersicht, die Ihnen hilft, direkt von Anfang an einige häufige Englischfehler zu vermeiden.

Häufige „false friends" zwischen Deutsch und Englisch

Deutsch	Englisch	Englisch	Deutsch
aktuell	up-to-date, current, latest	actual	*tatsächlich*
brav	well-behaved	brave	*mutig/tapfer*
eventuell	perhaps, possibly	eventually	*mit der Zeit, endlich*
genial	brilliant	genial	*freundlich und entgegenkommend*
sympathisch	nice, likeable	sympathetic	*mitfühlend*
sensibel	delicate, sensitive	sensible	*vernünftig*

Anhang

Vokabellisten

Alphabetisch English – Deutsch sowie Deutsch – Englisch

Englisch	Deutsch
a, an	*ein, eine*
about	*wegen; ungefähr*
actual	*tatsächlich*
afternoon	*Nachmittag*
alps	*Alpen*
amazing	*erstaunlich*
answer	*Antwort*
Austria	*Österreich*
autumn	*Herbst*
Baltic Sea	*Ostsee*
Black Forest	*Schwarzwald*
bomb	*Bombe*
book	*Buch*
both	*beide*
bow	*sich verbeugen*

Englisch	Deutsch
bowl	*Schüssel*
boyfriend	*Freund (im Sinne von Partner)*
brave	*mutig*
bread	*Brot*
brilliant	*genial*
building	*Gebäude*
bus	*Bus*
business	*Geschäft; Laden; Business*
butter	*Butter*
calm	*ruhig*
cat	*Katze*
child, children	*Kind; Kinder*
choir	*Chor*
Christmas	*Weihnachten*
city	*Stadt*
civil servant	*Beamte; Beamtin*
climb	*klettern*
clothes	*Bekleidung*
coffee	*Kaffee*
cold	*kalt*

Englisch	Deutsch
Cologne	*Köln*
cousin	*Cousin; Cousine*
damn!	*verdammt!*
daughter	*Tochter*
delicate, sensitive	*sensibel*
divorced	*geschieden*
doctor	*Arzt; Ärztin*
dog	*Hund*
dumb	*stumm; blöd*
early retirement, to take	*in Frührente gehen*
elephant	*Elefant*
evening	*Abend*
eventually	*mit der Zeit; endlich*
fire	*Feuer*
foreigner	*Ausländer; Ausländerin*
Friday	*Freitag*
frog	*Frosch*
from	*aus*

Englisch	Deutsch
garden	*Garten*
genial	*freundlich; entgegenkommend*
German	*deutsch; Deutscher; Deutsche*
ghost	*Geist; Gespenst*
giraffe	*Giraffe*
girlfriend	*Freundin; Partnerin*
glass	*Glas*
godchild	*Patenkind*
goddaughter	*Patentochter*
godfather	*Pate*
godmother	*Patin*
godson	*Patensohn*
good	*gut*
grandchild	*Enkelkind*
granddad	*Opa*
granddaughter	*Enkelin*
grandma	*Oma*
grandson	*Enkel*
handkerchief	*Taschentuch*
handsome	*gutaussehend*

Englisch	Deutsch
hat	*Hut*
have	*haben*
headquarters	*Hauptsitz*
her	*ihr; ihre*
Hesse	*Hessen*
hi; hello	*Guten Tag; Hallo*
hill	*Hügel*
hilly	*hügelig*
his	*sein; seine*
hobby	*Hobby*
hospital	*Krankenhaus*
hour	*Stunde*
house	*Haus*
how	*wie*
I	*ich*
I'm	*ich bin*
its	*sein; seine*
knee	*Knie*
knife	*Messer*
know	*wissen*

Englisch	Deutsch
knowledge	*Wissen*
lake	*See*
language	*Sprache*
large	*groß*
large city	*Großstadt*
learn/learned/learned	*lernen*
like	*mögen*
Lower Saxony	*Niedersachsen*
man, men	*Mann; Männer*
married	*verheiratet*
mat	*Matte*
matter	*Bedeutung*
mayor	*Bürgermeister; Bürgermeisterin*
Mecklenburg-West Pomerania	*Mecklenburg-Vorpommern*
medium	*Medium*
Monday	*Montag*
moon	*Mond*
morning	*Morgen*
mountain	*Berg*

Englisch	Deutsch
mouse, mice	*Maus*
Munich	*München*
my	*mein; meine*
name	*Name*
near	*in der Nähe von*
nephew	*Neffe*
nice, likeable	*sympathisch*
niece	*Nichte*
North Rhine-Westphalia	*Nordrhein-Westfalen*
North Sea	*Nordsee*
numb	*taub (im Sinne von stumpf)*
office	*Büro*
old	*alt*
orange	*Apfelsine*
originally	*ursprünglich*
our	*unser; unsere*
palm	*Handfläche*
paper	*Papier*
pencil	*Bleistift*

Englisch	Deutsch
pepper	*Pfeffer*
perhaps, possibly	*eventuell*
plumber	*Installateur*
population	*Bevölkerung*
probably	*wahrscheinlich*
psychology	*Psychologie*
psychopath	*Psychopath; Psychopathin*
quick, quickly	*schnell*
rat	*Ratte*
really?	*wirklich?*
region	*Region*
retired	*pensioniert; im Ruhestand*
Rhineland-Palatinate	*Rheinland-Pfalz*
ring	*Ring*
root	*Wurzel*
salt	*Salz*
Saturday	*Samstag*
Saxony	*Sachsen*
Saxony-Anhalt	*Sachsen-Anhalt*

Deutsch	Englisch
Freitag	Friday
Freund (im Sinne von Partner)	boyfriend
Freundin; Partnerin	girlfriend
freundlich; entgegenkommend	genial
Frosch	frog
ganz	whole
Garten	garden
Gebäude	building
Geist; Gespenst	ghost
genial	brilliant
Geschäft; Laden; Business	business
geschieden	divorced
Geschwister	siblings
Giraffe	giraffe
Glas	glass
groß	large
Großstadt	large city
gut	good
gutaussehend	handsome
Guten Tag	hi; hello

Deutsch	Englisch
haben	have
Handfläche	palm
Hauptsitz	headquarters
Haus	house
Herbst	autumn
Hessen	Hesse
Hobby	hobby
Hügel	hill
hügelig	hilly
Hund	dog
Hut	hat
ich	I
ich bin	I'm
ihr; ihre	her
ihre	their
in der Nähe von	near
in Frührente gehen	early retirement, to take
Installateur	plumber
Kaffee	coffee

Deutsch	Englisch
Ostsee	Baltic Sea
Papier	paper
Pate	godfather
Patenkind	godchild
Patensohn	godson
Patentochter	goddaughter
Patin	godmother
Pfeffer	pepper
Pfeife	whistle
Psychologie	psychology
Psychopath; Psychopathin	psychopath
Rad	wheel
Rathaus	townhall
Ratte	rat
Region	region
Rheinland-Pfalz	Rhineland-Palatinate
Ring	ring
Röntgenbild	X-ray
ruhig	calm

Deutsch	Englisch
Sachsen	Saxony
Sachsenanhalt	Saxony-Anhalt
Salz	salt
Samstag	Saturday
scheinen, erscheinen	seem
Schild	sign
schnell	quick; quickly
Schuh	shoe
Schule	school
Schüssel	bowl
Schwarzwald	Black Forest
Schwert	sword
See	lake
sehr	very
sensibel	delicate; sensitive
sich verbeugen	bow
Siegreich	victorious
sinken	sink
Socke	sock
Sofa	sofa
Sohn	son
Sonne	sun

Deutsch	Englisch
Sonntag	Sunday
Sprache	language
sprechen	speak
sprechen; reden	talk
Stadt	city
Stern	star
streng	strict
stumm; blöd	dumb
Stunde	hour
sympathisch	nice; likeable
Tal	valley
Taschentuch	handkerchief
tatsächlich	actual
taub (im Sinne von Stumpf)	numb
Taxi	taxi
Thüringen	Thuringia
Tochter	daughter
Uniform	uniform
Universität	university
unser; unsere	our

Deutsch	Englisch
ursprünglich	originally
verdammt!	damn!
verheiratet	married
Vorort	suburb
wahrscheinlich	probably
Wasser	water
wegen; ungefähr	about
Weihnachten	Christmas
Wein	wine
Weinberg	vineyard
wie	how
Wien	Vienna
Wikinger	Viking
wirklich?	really?
wissen	know
Wissen	knowledge
WLAN	wifi
wollen	want
Wurzel	root

Deutsch	Englisch
Zucker	sugar
Zungenbrecher	tongue twister
Zürich	Zurich
Zwilling	twin

LÖSUNGEN

Lösung von Übung 3 auf Seite 42

1. Where are you from?
2. Where in Germany?
3. My name is Johannes.
4. I am from Frankfurt.
5. I'm not from Munich.

Lösung von Übung 4 auf Seite 43

1. I am from ...
2. Fine, thanks.
3. Pleased to meet you.

Lösung von Übung 5 auf Seite 53

1. An office
2. A school
3. A hospital
4. A university
5. A townhall

Lösung von Übung 6 auf Seite 60

1. I am married.
2. We have two children.
3. I have two sons.
4. We don't have any children.
5. I am divorced.

Lösung von Übung 7 auf Seite 60–62

1. Aunt
2. Grandfather
3. Niece.
4. Cousin
5. Nephew
6. Great-grandfather
7. Uncle
8. Mother-in-law
9. Father-in-law
10. Great-uncle
11. Single
12. Divorced
13. Widow
14. Engaged
15. Married
16. Separated
17. Widower

Lösung von Übung 8 auf Seite 72

1. I am retired.
2. She used to be an executive assistant.
3. My husband used to be a teacher.
4. We used to be taxi drivers.
5. We are now retired.
6. I didn't use to smoke.
7. I never liked English.

Lösung von Übung 9 auf Seite 78–79

1. I live in the Black Forest.
2. You live in Cologne.
3. He lives near Munich.
4. She lives on the Baltic Sea.
5. He lives in a suburb of London.
6. We live by a lake.
7. They live on the Baltic Sea.

Lösung von Übung 10 auf Seite 154–155

1. handbag / purse
2. mobile / cell
3. chips / french fries
4. rubber / eraser
5. duvet / comforter
6. torch / flashlight
7. caravan / trailer
8. sweets / candy
9. biscuits / cookies

Höflich sein

Thank you.	*Danke*
You're welcome.	*Bitteschön.*
No problem.	*Kein Problem.*
Pardon?/What was that?	*Wie bitte?*
Could I borrow your phone?	*Dürfte ich Ihr/deinTelefon ausleihen.*
I beg your pardon?	*Was haben Sie gesagt?*

Sich vorstellen und kennenlernen

Hello.	*Guten Tag.*
Hi, I'm Monika.	*Hallo, ich bin Monika.*
Hello, my name is Joseph.	*Guten Tag, mein Name ist.*
How are you?	*Wie geht's?*
Fine thanks, how are you?	*Gut danke, und Ihnen?*
Where are you from?	*Woher kommen Sie?*
Where in Germany?	*Wo in Deutschland?*
Nice to meet you.	*Schön Sie kennenzulernen.*
Are you American?	*Sind Sie Amerikaner/Amerikanerin?*

Über Ihre Familie reden

This is my husband.	*Das ist mein Mann.*
We have two children.	*Wir haben zwei Kinder.*
I'm married/single/divorced.	*Ich bin verheiratet/single/geschieden.*
I'm a widow/widower.	*Ich bin Witwe/Witwer.*
I don't have any children.	*Ich habe keine Kinder.*
My daughter lives in Sydney.	*Meine Tochter wohnt in Sydney.*
I'm visiting my godchild.	*Ich besuche mein Patenkind.*

Smalltalk

I'm visiting my family.	*Ich besuch meine Familie.*
How old is your grandson?	*Wie alt ist Ihr Enkel?*
Do you have any children/grandchildren?	*Haben Sie Kinder/Enkel?*
How many children/grandchildren do you have?	*Wie viele Kinder/Enkeln haben Sie?*

Ein Kneipenbesuch

What are you having?	*Was darf's sein?*
It's my round.	*Es ist meine Runde.*
I'll have the same again, please.	*Nochmal das gleiche, bitte?*
I'm fine at the moment.	*Für mich nichts im Moment.*
Do you take credit cards?	*Akzeptieren Sie Kreditkarten?*
Can I open a tab?	*Kann ich anschreiben lassen?*

Ein Restaurantbesuch

I'd like to make a reservation for tomorrow evening?	*Ich möchte für morgen Abend einen Tisch reservieren.*
Do you have a table for four?	*Haben Sie einen (freien) Tisch für vier Personen?*
Could I see the menu, please?	*Könnte ich bitte die Speisekarte sehen?*
Is there anything vegetarian?	*Gibt es etwas Vegetarisches?*
I'd like...	*Ich hätte gerne...*

Reservierungen machen

one o'clock.	*1 oder 13 Uhr.*
five past one	*1:05 oder 13:05*
ten past/after two	*2:10 oder 14:10*
(a) quarter past three three fifteen	*3:15 oder 15:15*
half past four four thirty	*4:30 oder 16:30*
half five (britisches Englisch)	*5:30 oder 17:30*
twenty-five to six	*5:35 oder 17:35*
six forty twenty to seven	*6:40 oder 18:40*
seven forty-five (a) quarter to eight	*6:45 oder 18:45*
ten to nine	*8:50 oder 20:50*
five to ten	*8:55 oder 21:55*
midnight	*Mitternacht*
noon/midday	*12 Uhr Mittags*
in the morning	*vormittags*
in the afternoon	*nachmittags*
in the evening	*abends*

Smalltalk – Fragen stellen

Do you live here?	*Wohnen Sie hier?*
Is this your first cruise?	*Ist das Ihre erste Kreuzfahrt.*
Would you like a drink?	*Möchten Sie etwas trinken?*
What do you do?	*Was machen Sie beruflich?*
Where are you from?	*Woher kommen Sie?*
How do you like the hotel?	*Wie gefällt Ihnen das Hotel?*

Interesse zeigen

That's amazing.	*Super/toll/großartig.*
I'd like to hear more.	*Ich würde gerne mehr hören.*
Really?	*Wirklich?*

Über den Beruf reden

What do you do?	*Was machen Sie beruflich?*
I'm a teacher.	*Ich bin Lehrer/Lehrerin.*
I'm retired.	*Ich bin berentet.*
I used to be a police officer.	*Ich war früher Polizist/Polizistin.*
I used to work in a bank.	*Ich habe früher in einer Bank gearbeitet.*
I took early retirement.	*Ich bin Frührentner(in).*

Bei der Einreise

Please step this way.	*Bitte kommen Sie mit.*
Please look into this.	*Bitte hier hinein schauen.*
Please put your fingers hers.	*Bitte die Finger hier hin tun.*
What's the reason for your visit?	*Was ist der Grund Ihrer Reise?*
How long are you staying?	*Wie lange werden Sie bleiben?*
Did you pack your luggage yourself?	*Haben Sie Ihr Gepäck selber gepackt?*

Notfälle

There's been an accident.	*Es gab ein Unfall.*
I need an ambulance.	*Ich brauche einen Krankenwagen.*
My husband is unconscious.	*Mein Mann ist bewusstlos.*
He has chest pains.	*Er hat Brustschmerzen.*
She has a high temperature.	*Sie hat Fieber.*
He is bleeding heavily.	*Er blutet schwer.*
There's a fire in the hotel.	*Im Hotel brennt ein Feuer.*
Please send the police.	*Bitte schicken Sie die Polizei.*
There's been a shooting.	*Es gab eine Schießerei.*
There's been a car accident.	*Es gab ein Autounfall.*
There's someone trapped in the car.	*Jemand ist im Auto eingesperrt.*
Someone has fallen overboard.	*Jemand ist über Bord gefallen.*